INHALT

Jörg Knobloch

DIE ZAUBERWELT DER J. K. ROWLING

HINTERGRÜNDE & FACTS ZU "HARRY POTTER"

* J. K. Rowling – eine Biografie
* "Harry Potter", der Welterfolg
* Literarische Beziehungen
* Themen und Motive
* Personen, Geister, Fabelwesen
* Geheime Orte
* "Harry Potter" im Internet
* "Harry Potter" in der Kritik
* Fehler und Irrtümer

Verlag an der Ruhr

IMPRESSUM

Titel: Die Zauberwelt der J.K.Rowling
Hintergründe & Facts zu „Harry Potter"
Autor: Jörg Knobloch
Druck: Druckerei Uwe Nolte, Iserlohn
Verlag: Verlag an der Ruhr

Postfach 10 22 51, D-45422 Mülheim an der Ruhr
Alexanderstr. 54, D-45472 Mülheim an der Ruhr
Tel.: 02 08 – 439 54 54 Fax: 02 08 – 439 54 39
E-Mail: info@verlagruhr.de
http://www.verlagruhr.de

ISBN 3-86072-616-1
© Verlag an der Ruhr, Dezember 2000

Gedruckt auf chlorfrei gebleichtes Papier.

Die Schreibweise der Texte folgt
der reformierten Rechtschreibung.

VORWORT:
ÜBER DAS LESEN MIT BESEN

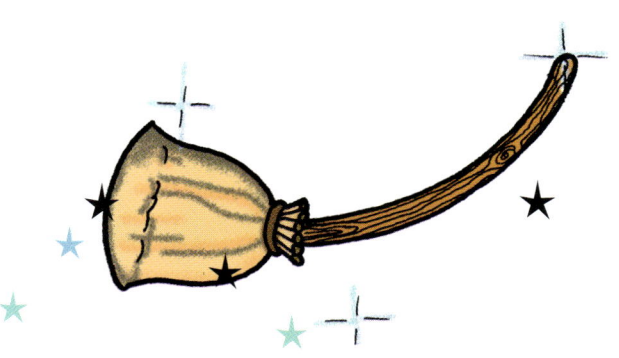

Jahrelang wurde befürchtet, dass sich das Gutenberg-Zeitalter[1] nun dem Ende zuneigen und die Sache mit dem Lesen endgültig den Bach runtergehen würde. Buchhändler und Buchhändlerinnen, Deutschlehrer und Deutschlehrerinnen kriegten gleichermaßen die Krise. Sie konnten beobachten, dass die „Kids", wie der hoffnungsvolle Nachwuchs längst genannt wurde, lieber zur Fernseh-Fernbedienung oder zur Maus als zum Buch griffen. Selbst ein fantasievoller und engagierter Literaturunterricht[2], der sich etwa seit 1980 in vielen Schulen breit gemacht hatte, konnte viele Schülerinnen und Schüler nicht davon überzeugen, dass Bücherlesen eine ziemlich coole Angelegenheit sei.

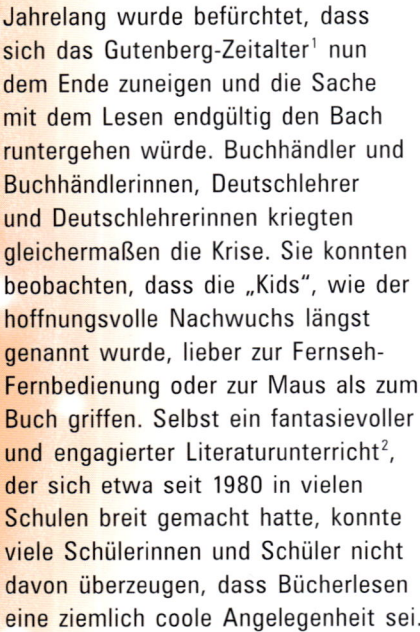

Aber, so wussten bereits die Brüder Grimm: „Es war einmal …". Schon knapp vor der Zeitenwende des Jahres 2000 war nämlich sicher, dass auch für die Welt des Lesens ein neues Zeitalter angebrochen war. Denn, so fand die Zeitschrift „Stern" heraus, ein mickriges Bürschchen mit Wuschelhaaren und geklebter Brille auf der Nase hatte „mit seinem Charisma eine kleine Kulturrevolution ausgelöst: Die Kids der Computer- und Gameboy-Ära lesen wieder!"[3] Und die Süddeutsche Zeitung wusste „von Kindern, die ganze Passagen auswendig aufsagen konnten," und von Eltern, „die mit ihren Sprösslingen darum kämpfen,

wer das neueste Buch als Erster lesen dürfe, und von Vätern, die das Buch unter dem Kopfkissen verstecken."[4]

Wer die letzten Jahre auf dem Planeten Erde verbracht hat, weiß natürlich, worum es geht. Hier ist die Rede von Büchern, in denen ein junger Zauberer namens Harry Potter die Hauptrolle spielt. Geschrieben wurden diese in einem doppelten Sinne fantastischen Bücher von der jungen Engländerin Joanne K. Rowling. Sie hat, um nochmals die Süddeutsche Zeitung zu zitieren „eine Welt geschaffen, in der Kinder besondere Fähigkeiten haben, während konventionelle Erwachsene unbedarft sind oder grausam oder beides. Die heimliche Macht ihres Helden hat traditionelle Züge des Volksmärchens – er hantiert mit fliegenden Besen, Verwandlungskünsten, Zaubersprüchen und Zaubertränken. Diese Macht kann aber auch als Metapher für die Stärken des Kindseins stehen: für kindliche Fantasie, Kreativität und Humor …"[5]

Die Abenteuer, die Harry Potter in der von J. K. Rowling geschaffenen Zauberwelt erlebt, wurden und werden inzwischen weltweit von Millionen Kindern und Erwachsenen geliebt und gelesen. Es ist nicht notwendig, sie hier ausführlich darzustellen. Das vorliegende Buch möchte vielmehr auf

„Harry Potter"
in der Bibliothek
der Volksschule
Langenbach

Dinge aufmerksam machen, die den „Harry Potter"-Bänden nicht oder nicht direkt zu entnehmen sind. Es geht um Hintergründe, vor denen „Harry Potter" zu sehen ist. Und, angesichts zahlreicher Legenden, die um die zauberhafte Bestsellerautorin J. K. Rowling verbreitet wurden und werden, geht es auch um Tatsachen, um „Facts".

So werden zunächst Informationen über die Lebensgeschichte der Autorin Joanne K. Rowling zusammengetragen und Antworten auf die Frage gesucht, wann, wo und wie denn die Bücher um Harry Potter entstanden sind. Das Phänomen „Harry Potter" wird beleuchtet, und schließlich zeigt der Blick hinter J. K. Rowlings Zauberwelt, ohne penetrant schulisch interpretieren zu wollen, dass „Harry Potter" mehr als nur eine beliebige gut verkäufliche Unterhaltungsgeschichte ist. Die Suche nach den zahlreichen literarischen Anregungen, die von der Autorin aufgegriffen wurden, um diese Zauberwelt zu schaffen, ist dabei nur ein erster Schritt.

Nicht zuletzt soll an einigen Stellen kritisch nachgefragt werden. Vor allem der globale Vermarktungsprozess bietet dazu Anlass. Aus dem Kinderbuchhelden Harry Potter ist ja längst eine Marke geworden, die unterschiedlichste Produkte ziert, auch wenn sie mit dem Buch nicht viel zu tun haben.

So gesehen hat die Überschrift dieses Kapitels „Lesen mit Besen" eine doppelte Bedeutung. Sie weist auf den Besen hin, der in J. K. Rowlings Zauberwelt nicht nur Fortbewegungsmittel und wichtiges Hilfsmittel beim Quidditch-Spiel ist, sondern Symbol für eine magische Welt. Die Überschrift macht zugleich deutlich, dass auch hin und wieder Staub wegzukehren ist, der die Wahrheit über „Harry Potter" und seine Autorin verdecken könnte.

So gesehen hat die Überschrift dieses Kapitels „Lesen mit Besen" eine doppelte Bedeutung. Sie weist auf den Besen hin, der in J. K.

Das Buch stützt sich natürlich auf die kritische Analyse der von Joanne K. Rowling geschriebenen „Harry Potter"-Saga. Ausgewertet wurden außerdem zahlreiche Interviews mit der Autorin, andere Dokumente und zahlreiche weitere Beispiele der fantastischen Kinder- und Jugendliteratur. Nicht zuletzt gab es Recherchen des Verfassers „vor Ort" in Edinburgh und London, worauf auch das Bildmaterial hinweist.

„Mehr wissen über ‚Harry Potter'", „Mehr Spaß beim Lesen von ‚Harry Potter'", aber auch „Mehr wissen über die Frau, die ‚Harry Potter' schrieb", könnten die Parolen sein, denen das vorliegende Buch verpflichtet ist. Autor und Verleger möchten aber vor allem, dass den jungen und älteren Leserinnen und Lesern kein „Flohpulver" in die Augen gestreut wird.

Der Autor dieses Buches beim Versuch, hinter die Geheimnisse des Quidditch-Spiels zu kommen

J.K. ROWLING
– EINE BIOGRAFIE

DIE 60ER JAHRE

Unruhige Zeiten

Die Jahre zwischen 1960 und 1970 waren schon ziemlich unruhig. Der Ost-West-Gegensatz zwischen der kommunistisch regierten Sowjetunion mit den von ihr kontrollierten Staaten des Ostblocks auf der einen, den USA und ihren Nato-Verbündeten auf der anderen Seite hatte sich verschärft. Es kam zu einem gigantischen Wettrüsten, einem Kampf um politische und wirtschaftliche Einflussbereiche und 1962 schließlich zur Kubakrise, durch die die Welt an den Rand des Atomkrieges geführt wurde.

J. F. Kennedy, ein Hoffnungsträger für junge Leute und gesellschaftliche Minderheiten, wurde 1960 zum amerikanischen Präsidenten gewählt, bald darauf aber ermordet (1963). Um vermeintliche westliche Interessen zu verteidigen, engagierten sich die USA politisch und militärisch in Vietnam. Das führte 1957–1975 zum Vietnamkrieg, der die amerikanische Gesellschaft erschütterte und Auswirkungen auf die Studentenunruhen in vielen europäischen Ländern hatte.[1]

Und last but not least hat sich in diesem gesellschaftlichen Klima eine Musik entwickelt, die in den 60er Jahren selbst Symbol für den gesellschaftlichen Wandel wurde. Vor allem sind die Beatles hier zu nennen. Sie haben von Liverpool aus mit ihrer Musik Großbritannien, Europa und schließlich die ganze Welt erobert und geprägt.

Carnaby Street, London (Ende der 60er Jahre)

„Beatlemania"

Die Begeisterung der Fans schlug immer wieder in Hysterie und Tumulte um, sodass man bald von „Beatlemania" sprach. Großbritannien – und hier vor allem „Swinging London" – wurde zum Zentrum der neuen Rock- und Pop-Bewegung. Die Londoner Carnaby Street war damals eine Kultstätte, in der sich traf, wer „in" sein wollte.[2]

KINDHEIT UND JUGEND IN ENGLAND UND WALES

Abfahrt King's Cross

In diesen auf- und zugleich anregenden Jahren, wahrscheinlich 1963, trafen sich der 19-jährige Peter John Rowling und die gleichaltrige Anne in einem Zug, der vom Londoner Bahnhof King's Cross Richtung Schottland fuhr. Peter war damals Auszubildender bei Rolls-Royce in einer Abteilung für Flugzeugmotoren. Anne, eine junge Frau schottisch-französischer Herkunft, arbeitete als Laborantin.

Die näheren Umstände dieser Begegnung sind nicht überliefert. Aus einem Interview der Times mit Joanne K. Rowling wissen wir jedoch, dass die beiden mit 20 heirateten und sich in Yate (Grafschaft Gloucestershire), einem kleinen Ort mit langer Geschichte, östlich von Bristol niederließen. Neun Monate später, am 31. Juli 1965, wurde im General Hospital des benachbarten Städtchens Chipping Sodbury die gemeinsame

Bahnhof King's Cross in London

Tochter Joanne geboren.[3] Knappe zwei Jahre später kam Joannes Schwester Diana zur Welt.

Diesseits und jenseits des Bristolkanals

Die Familie zog bald einige Kilometer weiter in das nördlich von Bristol gelegene Winterbourne. Hier konnten Jo, wie Joanne meistens genannt wurde, und Di (Diana) eine unbeschwerte Kindheit verbringen. Zu ihren Spielkameraden gehörten auch die Geschwister Ian und Vicki Potter. Ian Potter, der heute als Bautechniker in Yate lebt, erinnert sich, dass sich die Mädchen damals öfters als Hexen verkleidet hatten. „Unser Lieblingsspiel war Zauberer und Hexen. Joanne war diejenige, die sich all die Zaubersprüche und Verwünschungen ausdachte. Sie fragte mich auch wegen meines Namens aus. Potter – das faszinierte sie". Vicki ergänzt,

dass Ian als Kind ein Albtraum gewesen sei, der z.B. Kaulquappen in Krügen gesammelt und den grünen Schleim überall verteilt habe.[4] Ian Potter als Vorbild für die Romanfigur, die später einmal Joanne zu einer der erfolgreichsten Autorinnen aller Zeiten machen sollte? Joanne Rowling sieht das anders. In einem Interview mit dem Journalisten Christoph Dallach sagt sie: „Nachbarn von uns hießen Potter. Mit deren Sohn und Tochter haben ich und meine Schwester immer gespielt, daher habe ich den Namen. Ich mag einfach den Klang. Eine britische Zeitung hat diesen Jungen neulich aufgespürt. Er ist jetzt 40 oder so und repariert, glaub ich, Regenrinnen. Aber zu behaupten, er sei der wahre Harry Potter, ist totaler Blödsinn."[5]

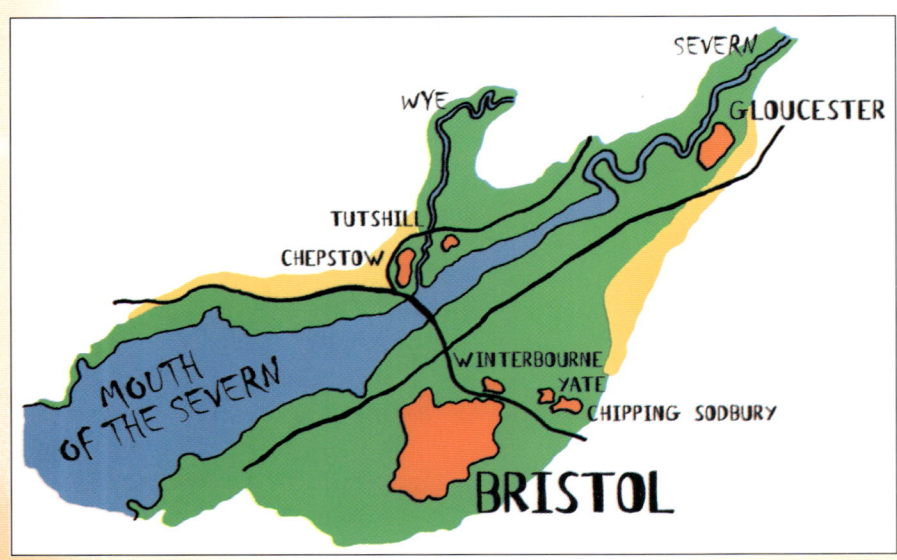

Burg von Chepstow

© Jeffrey L. Thomas
(Mit freundlicher
Genehmigung der Web-Site
http://www.castlewales.com/home.html
entnommen.)

Für die Geschichte der Weltliteratur ist die Gegend um Bristol nicht allein deshalb von Bedeutung, weil hier ein kleines Mädchen Gefallen am Klang des Namens „Potter" (auf deutsch Töpfer) fand und diesen Namen später in einer bekannten Jugendbuchserie verwendete. An der Küste des Bristolkanals beginnt und endet auch der berühmte Roman „Treasure Island" (deutsch: „Die Schatzinsel") des in Edinburgh geborenen Robert Louis Stevenson (1850–1894). Von Bristol aus stach die „Hispaniola" in See, um den sagenhaften Goldschatz des Seeräubers Flint zu suchen.

1974 zog die Familie erneut um, diesmal in das ländliche Tutshill in der Nähe von Chepstow in Wales (Grafschaft Gwent). Chepstow liegt an einer strategisch wichtigen Stelle an der Mündung des Flusses Wye. In Chepstow kann man noch heute alte Befestigungsanlagen finden, die bis in die Steinzeit zurückreichen.

Ein besonders gut erhaltenes Monument aus der Blütezeit dieser Gegend ist eine mächtige normannische Burg. Sie wurde im 12. Jahrhundert auf einem steilen Felsen gebaut. Ihre eindrucksvollen Überreste überragen noch heute die Stadt. Joanne Rowling weist in ihrem Interview mit Lindsey Fraser eigens auf diese Burg hin und deutet an: „Das könnte viel erklären." Offensichtlich bezieht sich diese dunkle Bemerkung auf die von Rowling geschaffene fiktive Burganlage von Hogwarts, die in ihren „Harry Potter"-Büchern eine so bedeutsame Rolle spielt.[6]

Mit dem Leben auf dem Lande erfüllten sich Joannes aus London kommende Eltern einen Traum: Sie konnten in einem Cottage wohnen und waren doch von den Großstädten Cardiff und Bristol und damit vom Arbeitsplatz des Vaters nur wenig entfernt. Ein Blick auf die Landkarte zeigt, dass der neue Wohnort von Bristol nur durch die Mündung des Severn getrennt ist.

Auch Joanne und ihre Schwester konnten das Landleben genießen und frei und unbeschwert auf den Feldern und Wiesen am Ufer des Flusses Wye spielen. Als die beiden älter waren, wurde es allerdings auch langweilig: Es gab dort zu wenig, was Teenager interessierte.[7]

Erfahrungen mit der Schule

Schon in Winterbourne, am Stadtrand von Bristol, hatte Joanne die erste Bekanntschaft mit der Schule gemacht. Sie besuchte dort die Elm Park Primary School, woran sie sich heute noch gern erinnert.[8] Nach dem Umzug kam sie in Tutshill in die Primary School, die sie weniger freundlich in Erinnerung hat. Rückblickend sagt sie: „Die einzige Fliege in der Suppe war die Tatsache, dass ich meine neue Schule hasste."[9] Sie beschreibt die Schule als klein und altmodisch, in den Schultischen gab es sogar noch Tintenfässer. Alles kam ihr hier wie aus der Zeit von Charles Dickens vor.[10] Schon durch die Sitzordnung wurden die Schüler nach „dumm" und „schlau" sortiert – und Joanne musste lange in der rechten Reihe bei den schwachen Schülerinnen und Schülern sitzen. Als Joanne später die miese Figur des Hogwarts-Lehrers Severus Snape schuf, hat sie sich an einige Lehrkräfte ihrer alten Schule wieder erinnert ...[11]

Viel besser gefiel es ihr ab 1976 auf der Wyedean Comprehensive School. Hier wurde ihr Interesse an der englischen Sprache geweckt, woran ihre Lehrerin Miss Shepherd einen wesentlichen Anteil hat. Hier begegnete Joanne auch dem Schüler Sean Harris, der ihr bester Freund wurde. Sean hatte einen türkisfarbenen Ford Anglia, der später in ihrem Buch „Harry Potter und die Kammer des Schreckens" auftauchte – dem Buch, dessen Widmung lautet: *„Für Séan P.F. Harris, Fluchtwagen-Fahrer und Freund bei stürmischem Wetter".* Auf Englisch: *For Séan P.F. Harris, getaway driver and foulweather friend.*

Auf dem Cover der englischen Ausgabe „Harry Potter and the Chamber of Secrets" ist genau so ein Ford Anglia abgebildet, mit dem Ron, Harry und Hedwig fliegen.

Ihre Romanfigur Ron Weasley, neben Hermine der beste Freund von Harry Potter, ist, wie die Autorin in einem Interview sagt, nicht das direkte Ebenbild von Sean, aber Ron ist „really very Sean-ish".[12]

Joanne Rowling beschreibt sich später als schüchternes, puddinggesichtiges Kind mit Brille, das zudem eine verbissene kleine Streberin war – ein biografisches Detail, das sich später in der Figur der Hermine wiederfinden wird. Im letzten Schuljahr wird Joanne sogar Schulsprecherin (Head Girl).[13]

Englische Briefmarken mit Abbildungen zu Büchern von Enid Blyton

Literarische Interessen

In dem mit Lindsey Fraser geführten Interview erfahren wir, dass Bücher in Joannes Kindheit eine große Bedeutung hatten. Die Eltern haben viel gelesen und vorgelesen. Kein Wunder, dass auch Joanne schon früh mit Literatur in Kontakt kam. Sie erinnert sich an „The Wind in the Willows" von Kenneth Grahame (deutsch: „Der Wind in den Weiden"), an Bücher des Zeichners Richard Scarry, die sie liebte, und an Bücher der Bestsellerautorin Enid Blyton, die sie aber weniger mochte.

Gern las sie auch die fantastischen Bücher von Edith Nesbit, z.B. „The Phoenix and the Carpet" (deutsch: Feuervogel und Zauberteppich) und vertiefte sich in C. S. Lewis' 7-bändige Serie „The Chronicles of Narnia" (deutsch: „Die Chroniken von Narnia").

Als Lieblingsbuch bezeichnet sie „The Little White Horse" von Elisabeth Goudge (deutsch „Das kleine weiße Pferd"), ein Buch, dem sie direkten Einfluss auf „Harry Potter" zugesteht.

Mit 11 oder 12 Jahren las sie „Pride and Prejudice" (deutsch „Stolz und Vorurteil"). Geschrieben wurde diese ebenso realistische wie romantische Geschichte eines jungen Mädchens von der von 1775 bis 1817 lebenden englischen Autorin Jane Austen.

Bis heute liebt und verehrt Joanne diese Autorin. „Jane Austen ist meine Lieblingsautorin", sagt sie.[14]

PENGUIN POPULAR CLASSICS

PERSUASION

JANE AUSTEN

PENGUIN BOOKS

„Ich wünsche, ich hätte das geschrieben!"
Von Joanne K. Rowling signiertes Buch
ihrer Lieblingsautorin Jane Austen

Als Joanne 14 Jahre alt war und eine Tante ihr ein Buch der ebenfalls in Gloucestershire geborenen Jessica Mitford (1917–1996) gab, wurde diese Kämpferin für Menschen- und Frauenrechte zu Joannes persönlichem und literarischem Vorbild.[15] Später

wird sie sogar ihre Tochter nach Jessica Mitford nennen.

Insgesamt kann man Joanne Rowling ein breites literarisches Interesse bescheinigen, das später auch die Vorliebe für Bücher über die Familie Kennedy umfasst.[16] Ihr spezielles Interesse an eigentlicher Fantasy-Literatur bezeichnet sie allerdings als eher gering. Zwar hat sie mit ungefähr 14 Jahren Tolkiens „Lord of the Rings"

Englische Briefmarken
mit Abbildungen zu
fantastischen Kinderbüchern
oben: Edith Nesbit
  („The Phoenix and the Carpet")
Mitte: Mary Norten („The Borrowers")
unten: J. R. R. Tolkien
  („The Hobbit")

(deutsch: „Der Herr der Ringe")
gelesen, ein Buch, das als Modell für
die Fantasy-Literatur gilt. Das Buch,
das Tolkien berühmt machte, „The
Hobbit" (deutsch: „Der kleine Hobbit"), las sie allerdings erst, als sie
älter als 20 war.[17] Später wird sie
sogar mit den Worten zitiert: „Fantasy
als literarische Gattung mag ich nicht.
Trotzdem denken die Leute scheinbar,
wenn in irgendeinem Buch ein Einhorn
auftaucht, dann würde mir das gefallen und sie schenken mir dann
diese Bücher."[18]

Über Literatur hinaus interessierte
und interessiert sich Joanne Rowling
aber auch für Kunst, Theater und
Musik. Sie liebt alle Arten von Musik
und hört sich heute noch gern die
Musik an, die sie als 17-Jährige ge-
mocht hat. Als sie in einem Interview
gefragt wurde, welche Musik sie als
Kind zu Hause kennen gelernt hat,
verwies sie darauf, dass ihre Eltern
die Beatles und anderes „Zeug" aus
den 60er Jahren sehr geschätzt
haben. Und sie selbst mag diese
Musik auch. [19]

SCHÖNE ZEITEN, SCHWERE ZEITEN

Studium

Nach Abschluss ihrer Schulzeit stu-
dierte J. K. Rowling ab 1983 an der
Universität von Exeter Französisch und
Klassische Philologie (Altgriechisch und
Latein). Während dieser Zeit verbrachte
sie ein Jahr als „Teaching Assistant" in
Paris. Sie bezeichnet die Entscheidung
für dieses Studium später als großen
Fehler. Damals habe sie, so schreibt
sie, zu sehr auf ihre Eltern gehört.
Diese waren der Meinung, dass
ein Sprachenstudium ihr eine große
Karriere als Fremdsprachen-Sekretärin
eröffnen würde. Leider musste sie
jedoch später feststellen, dass ihr für
diesen Beruf das notwendige Organi-
sationstalent fehlte.[20]

Wappen der Universität
von Exeter

Joanne konnte jedoch 1986 das Studium in Exeter mit gutem Erfolg abschließen.[21] Anschließend besuchte sie in London einen Kurs für Fremdsprachen-Sekretärinnen und lernte bei dieser Gelegenheit, mit der Schreibmaschine und dem Computer zu schreiben. Danach arbeitete sie zwei Jahre als wissenschaftliche Assistentin für die Menschenrechtsorganisation Amnesty International.[22]

Da ihr damaliger Freund nach Manchester gezogen war, besuchte sie ihn dort öfters und nahm schließlich einen Job im gleichen Ort an. Sie arbeitete bei der Handelskammer. Die Arbeit dort empfand sie aber als recht langweilig.

Die Geburt eines Zauberers

Auf einer Zugfahrt von Manchester nach London King's Cross kam es dann im Sommer 1990 durch einen Maschinenschaden zu jenem folgenschweren Aufenthalt auf freier Strecke, der als Geburtsstunde Harry Potters anzusehen ist. Joanne starrte aus dem Zugfenster, schaute den weidenden Kühen zu … Sie kann nicht sagen, was eigentlich der Auslöser war, aber plötzlich sah sie die Romanfigur Harry deutlich vor sich. „Harry hatte sehr viel Zeit, in meinem Kopf Gestalt anzunehmen", sagt sie.[23] Damals entwickelte sie die grundlegende Vorstellung von einer Zauberschule als einem Ort, der durch Ordnung, Sicherheit und zugleich größte Gefahren geprägt ist. Kinder sollten dort über Fertigkeiten verfügen, mit denen sie sogar ihre Lehrer übertreffen würden. Neben Harry entstanden auf dieser Zugfahrt auch Ron, der Fast Kopflose Nick, Hagrid und der Poltergeist Peeves.[24]

Schicksalsschläge

Schon 1980 hatte man festgestellt, dass Joanne Rowlings Mutter an Multiple Sklerose erkrankt war.[25] Bald nach der sowohl für Joanne persönlich als auch für die Geschichte der Weltliteratur so erfolgreichen Zugfahrt zwischen Manchester und London starb sie 1990 an dieser Krankheit im Alter von nur 45 Jahren.[26]

Nach Informationen der Deutschen Multiple Sklerose Gesellschaft ist dieser schnelle Tod aber keineswegs der „Normalfall", wenn ein Mensch an Multiple Sklerose (MS) erkrankt. MS ist keine tödliche Krankheit. Nach neusten Untersuchungen führt die Krankheit nur in etwa 3% der MS-Fälle zum Tode. Wissenschaftler haben herausgefunden, dass die Lebenserwartung von MS-Kranken etwa 6 Jahre geringer ist, als bei Nichterkrankten. Ein MS-Betroffener ist vielleicht gegenüber anderen Krankheiten, wie Harn- und

Atemwegsentzündungen anfälliger als andere Menschen.[27]

Der Tod ihrer Mutter kam also eher überraschend und hat die damals 25-jährige Joanne Rowling stark getroffen und beeinflusst. Diese Betroffenheit schlägt sich nicht zuletzt in der Sehnsucht Harry Potters nach seiner Mutter nieder, die z.B. in

Band 1 im Kapitel „Der Spiegel Nerhegeb" (S. 212) deutlich wird.

Rowling bestätigt, dass hier eines der wenigen wirklich autobiografischen Elemente in ihren Romanen zu sehen ist. „Der Spiegel zeigt meine eigenen Gefühle über den Tod meiner Mutter", gestand sie dem Journalisten Simon Hattenstone in einem Interview.[28]

Multiple Sklerose (MS) ist eine Krankheit des zentralen Nervensystems. Das Gehirn ist eine Kommandozentrale, die Signale durch den Körper schickt, um ihm zu sagen, was er tun soll. Das Rückenmark ist wie ein dickes Kabel von Drähten – den Nerven – umgeben von einer Schutzhülle, dem Myelin. Die Signale laufen durch das Rückenmark und die Nerven zu den Muskeln im ganzen Körper. Wenn dein Gehirn will, dass du den Arm hebst, schickt es ein Signal durch das Rückenmark zum Arm, der den Befehl ausführt. Hat ein Mensch MS, dann ist die Nervenschutzhülle (Myelin) so beschädigt oder nicht vollständig, dass die Signale nicht durchkommen können. Multiple heißt „viele" und Sklerose heißt „Narbe". MS heißt also „viele Narben". Diese Narben auf dem Myelin stören die Signale, die gesendet werden. Das Gehirn sagt zum Arm „winke", aber das Signal ist nicht klar oder vielleicht kommt es gar nicht an. Der Arm tut nicht, was das Gehirn will.

GEHIRN

RÜCKENMARK

NERVEN

MYELIN

MS NARBE

Ausschnitt aus dem Prospekt „Durch Lesen helfen – Weltmeister im Lesen" der Deutschen Multiple Sklerose Gesellschaft (DMSG)

Mit dem Tod ihrer Mutter begann für Joanne Rowling eine Phase ihres Lebens, die sie als Albtraum empfand. So verlor sie ihren Job in Manchester und war arbeitslos. Bei einem Einbruch wurden bald darauf alle Erinnerungsstücke an ihre Mutter gestohlen. Schließlich kam es auch zur Krise in der Beziehung zu ihrem Freund.[29]

Damals erinnerte sich Joanne Rowling daran, dass es ihr während des Studiums Spaß gemacht hatte, als Teaching Assistent in Paris Englisch zu unterrichten. So entschloss sie sich schließlich 1991 als Englischlehrerin nach Porto, einer Hafenstadt an der portugiesischen Atlantikküste, zu gehen.

Szenen einer Ehe

Als Englischlehrerin in Porto arbeitete sie mit Teenagern zwischen 14 und 17 Jahren, aber auch mit Geschäftsleuten und Hausfrauen. Hier lernte sie auch den portugiesischen Fernsehjournalisten Jorge Arantes kennen. Aus der Bekanntschaft wurde schnell eine heiße Liebesbeziehung. Am 16. Oktober 1992 heirateten die beiden, im Jahr darauf, am 27. Juli 1993, kam die gemeinsame Tochter Jessica zur Welt.[30]

Die Ehe hielt jedoch nicht lange. Über die Gründe der Trennung hat sich Joanne Rowling öffentlich erst geäußert, nachdem Jorge Arantes seine Version ihrer Beziehung an die Boulevardpresse verkauft und sich auch über sehr intime Einzelheiten ausgelassen hatte.[31] Der Journalistin Ann Treneman von der TIMES sagte Rowling: „Man verlässt keine Ehe nach so kurzer Zeit, wenn es nicht ernsthafte Probleme gibt." Ihre vorhergehende Beziehung habe sieben Jahre gehalten. Sie sei also eigentlich ein „Langzeit-Mädchen". Und außerdem habe sie ja mit diesem Mann ein Kind gehabt. „Aber die Ehe funktionierte einfach nicht."[32] Als sie ihrem Mann erklärte, was sie für ihn noch oder nicht mehr empfand, warf er sie raus. Am nächsten Tag, es war wohl der 17. November 1993, war Joanne Rowling wieder da, diesmal mit der Polizei. Sie nahm ihre Tochter Jessica an sich und kehrte auf dem schnellsten Weg nach Großbritannien zurück – ohne Geld, ohne Job, ohne Wohnung und voll Angst, nach Portugal zurückzumüssen, um dort einen Rechtsstreit um das Sorgerecht für ihr Baby führen zu müssen.[33]

Diese Sorge war wenigstens zunächst unbegründet. Glaubt man den Presseberichten, so meldete Jorge Arantes, der bald nach der Trennung ohne Job und drogenabhängig war, erst Ansprüche auf seine Tochter an, als Joanne Rowling durch ihre „Harry Potter"-Bücher berühmt und zu einer reichen Frau geworden war.[34]

Die Auseinandersetzung zwischen Joanne Rowling und ihrem Ex-Ehemann ist offensichtlich noch nicht beendet, schließlich geht es nicht allein um Jessica, sondern auch darum, ob Jorge Arantes eventuell Anspruch auf einen Teil des während der formalen Dauer der Ehe erworbenen Zugewinns hat. Die New York Post spricht denn in diesem Zusammenhang auch davon, dass Rowlings Ehemann aus dem Schatten ihrer Vergangenheit herausgetreten ist, um ihre ganz persönliche „Kammer des Schreckens" zu öffnen.[35]

Übersichtskarte Großbritannien mit den für Joanne Rowling wichtigen Stationen Bristol, London, Manchester und Edinburgh

Edinburgh: Blick von Princes Street über einen Park hinweg auf die Burg und Teile der Altstadt

Zurück nach Großbritannien

Von Portugal aus ging Joanne Rowling mit ihrem Baby zunächst nach London, wo viele ihrer Freunde lebten. Zu Weihnachten besuchte sie ihre Schwester Di, die Jura studiert hatte und inzwischen mit ihrem Mann im schottischen Edinburgh lebte. Ursprünglich sollte dieser Weihnachtsbesuch nur 14 Tage dauern, aber Joanne blieb schließlich ganz in Edinburgh,[36] denn die schottische Hauptstadt gefiel ihr und sie war sicher, hier ihre Tochter aufziehen zu können.

Joanne Rowling hatte vor, in Edinburgh als Französischlehrerin zu arbeiten. Zuvor musste sie jedoch ihre pädagogische Ausbildung abschließen und an einem einjährigen Kurs im „Moray House", einem Institut zur Lehrerausbildung in Edinburgh teilnehmen.[37] Da sie vor Beginn ihrer Tätigkeit als Lehrerin außerdem ihren schon angefangenen Roman über den jungen Zauberer Harry Potter beenden wollte, konnte sie in dieser Zeit keinen Job annehmen – dafür nahm sie in Kauf, eine Zeitlang von der Sozialhilfe leben zu müssen.

Obwohl Edinburgh, wie sie meinte, im Vergleich zu London der bessere Ort war, um arm zu sein, waren die nächsten Wochen und Monate zweifellos schwierig und belastend. Sie hatte zunächst eine schäbige kleine Wohnung mit einem Schlafzimmer und einer Wohnküche gemietet – in der außer ihr und ihrer Tochter auch einige Mäuse wohnten. Nur unter großen Schwierigkeiten fand sie eine neue Wohnung, die warm und sauber war.

Edinburgh: Moray House, hier schloss Joanne Rowling
ihre Lehrerausbildung ab

Als noch größeres Problem stellte sich heraus, dass es für ihre Tochter keinen Platz in öffentlichen Kinderkrippen gab. Von £ 70 Sozialhilfe in der Woche konnte sie sich aber keine private Tagesmutter leisten. Das wäre jedoch schon deshalb notwendig gewesen, um ihre Lehrerausbildung abschließen zu können. Ohne einen entsprechenden Abschluss hätte sie in Schottland nicht unterrichten dürfen.

Freunde halfen ihr aus dieser finanziellen Misere mit privaten Darlehen heraus. Auch ihre Schwester konnte ihr immer wieder unter die Arme greifen. Ihr Vater dagegen, der nach dem Tod ihrer Mutter wieder geheiratet hatte, war offensichtlich nicht in der Lage, sie zu unterstützen.[38] Besonders schlimm empfand Joanne Rowling damals, dass sie als allein erziehende Mutter diskriminiert wurde und besonders benachteiligt war. Kurz nach ihrer Rückkehr nach Großbritannien hatte der britische Premierminister John Major sogar eine Rede über allein erziehende Mütter gehalten, und sie als Wurzel allen gesellschaftlichen Übels bezeichnet.

Weit verbreitet war außerdem die Auffassung, dass Sozialhilfeempfänger Schnorrer und Faulenzer seien und nur der Gesellschaft zur Last fallen würden.[39] In einem Zeitungsartikel wies Rowling später darauf hin, dass die Wahrheit ganz anders ist. Sie bezeichnete es als beliebte Legende, dass die meisten Alleinerziehenden verantwortungslose Teenager seien, die auf günstige Sozialwohnungen spekulierten. In Wirklichkeit seien nur drei Prozent der Alleinerziehenden Teenager.

Sechzig Prozent waren dagegen verheiratet gewesen und seien nun getrennt, geschieden oder verwitwet und als Folge dieser Situation von Armut bedroht. Fast ein Viertel aller Kinder in Großbritannien lebten in Familien mit nur einem Elternteil.[40]

Joanne Rowling war also, da sie ohne finanziellen Rückhalt Ausbildung, Kind und die Fertigstellung eines Romans miteinander verbinden wollte, zweifellos in einer extrem schwierigen Situation. Kein Wunder, dass sie zeitweise auch unter Depressionen litt, die ihren literarischen Niederschlag in den „Dementoren" gefunden haben. Jenen düsteren Wachen von Askaban, die eisige Kälte um sich verbreiten, alle positiven Erinnerungen vernichten und dem Menschen schließlich die Seele aussaugen.[41] Beschrieben hat Joanne Rowling diese Personifizierung ihrer Depressionen in „Harry Potter

und der Gefangene von Askaban". In einem Interview gestand sie später, dass diese Depressionen das Unangenehmste seien, das sie jemals erlitten habe. Depression – das ist, so Rowling, „dass man sich nicht vorstellen kann, jemals wieder fröhlich zu sein. Die Abwesenheit jeglicher Hoffnung."[42]

Trotz aller Schwierigkeiten und Probleme gelang es Joanne Rowling jedoch, ihre Ausbildung als Lehrerin abzuschließen und die Arbeit an ihrem Roman voranzubringen. Der Gedanke an ihre Tochter Jessica hat sie in dieser Zeit motiviert und inspiriert, und die Arbeit an „Harry Potter" empfand sie als einen „sicheren Hafen", in den sie sich vor den Stürmen des Lebens retten konnte.[43] „Es ist nicht übertrieben, wenn ich sage, dass das erste Buch mein Leben gerettet hat", betonte sie in einem Interview.[44]

EIN BESTSELLER ENTSTEHT

Das literarische „Frühwerk"

Joanne Rowling betonte mehrfach in Interviews, dass sie schon als Kind gern erzählt und geschrieben habe und dass sie schon früh davon träumte, Bücher zu schreiben und als Autorin zu leben.[45]

Ihre Schwester Di kann sich, so schreibt Joanne Rowling in einer über das Internet verbreiteten knappen Autobiografie, noch gut daran erinnern, dass „ich ihr eine Geschichte erzählte, in der sie in ein Kaninchenloch fiel und dann von der Kaninchenfamilie mit Erdbeeren gefüttert wurde."[46] Die erste Geschichte,

aus: Beatrix Potter. Die Geschichte von Peter Hase. Deutsch von Claudia Schmölders. © 1978 Diogenes Verlag AG Zürich

Deutschsprachige Ausgabe von „Peter Hase" im Diogenes Verlag

Englische Briefmarken mit Abbildungen aus Büchern von Beatrix Potter

die Joanne mit fünf oder sechs Jahren aufschrieb, handelte von einem Kaninchen, das Rabbit (engl. für Kaninchen) hieß. Es bekam, wie Joanne als Kind,[47] die Masern und wurde von seinen Freunden besucht – unter ihnen eine Riesenbiene, die Miss Bee (engl. für Biene) hieß.

Dass Joanne Rowling in dieser Geschichte Anregungen der klassischen englischen (bzw. britischen) Kinderliteratur aufgegriffen hat, liegt auf der Hand. Auch „Alice" fällt in ja ein Kaninchenloch (L. Carroll: „Alice im Wunderland"). Und die beliebte Kinderbuchautorin Beatrix Potter hatte mit „Peter Rabbit" (auf Deutsch „Peter Hase") das Modell einer liebevollen Kaninchenfamilie entworfen.[48] Jedenfalls wollte Joanne „seit Rabbit und Miss Bee immer Autorin sein,

obwohl ich kaum mit jemandem darüber gesprochen habe." Sie hatte Angst, dass man ihr sagen würde, sie solle sich keine Hoffnungen machen.[49]

Geschichten hat sie auch später immer wieder geschrieben, z.B. an den Computern in den Büros, in denen sie als Sekretärin arbeitete „wenn niemand zuschaute".[50] Sie hat auch versucht ein Theaterstück zu schreiben, ein paar Kurzgeschichten. Und sogar in der Zeit, als sie sich mit „Harry Potter" beschäftigte, hat sie zwei Romane für Erwachsene angefangen, aber dann wieder weggelegt. Sie bezeichnet diese Arbeiten als „absoluten Mist".[51] „Harry Potter" ist also ihre erste Veröffentlichung – auch wenn sie eigentlich nie daran gedacht hatte, für Kinder zu schreiben.[52]

„Harry Potter"

Mit den ersten Arbeiten an „Harry Potter" hatte Joanne Rowling bereits 1990 in London begonnen.[53] Während ihres Aufenthalts in Portugal arbeitete sie weiter an ihrem Werk. Da sie nachmittags und abends unterrichtete, konnte sie vormittags schreiben. Als sie nach Großbritannien zurückkehrte, hatte sie, so teilte sie später mit, bereits einen halben Koffer voll von Geschichten über „Harry Potter" dabei.[54]

Nachdem sie sich mit ihrer Tochter Jessica in Edinburgh niedergelassen hatte, schrieb sie unter den oben skizzierten äußerst schwierigen Umständen „Harry Potter" Band 1 zu Ende. Sie entwarf die Personen und den Handlungsverlauf auch für die übrigen Bände der auf insgesamt sieben Bände angelegten Serie. Es ist alles „vage durchdacht. Fest steht nur, wie es endet. Das letzte Kapitel ist fertig geschrieben und liegt in einem Safe", äußerte die Autorin in einem Interview.[55] Sie hat die Grenzen und Gesetze ihrer Fantasiewelt festgelegt, hat jeden Büroraum im Zaubereiministerium „besetzt", hat die „Biografien aller Figuren festgelegt. Und die Regeln für das Spiel ‚Quidditch'. Es war eine schier endlose Arbeit, aber sie war nötig", betont sie.[56]

Edinburgh: Nicolsons, eines der Lokale, in dem J. K. Rowling am ersten Band von „Harry Potter" gearbeitet hat

In der Verlagswerbung und auch in vielen Presseberichten heißt es, dass Joanne Rowling den ersten Band von „Harry Potter" als allein erziehende und auf Sozialhilfe angewiesene Mutter „in a café in Edinburgh" geschrieben habe.[57] „Sie schob ihr Kind im Kinderwagen so lange im Regen durch Edinburgh, bis das Kind einschlief. Da wusste J. K. Rowling, dass sie nun anderthalb Stunden Zeit haben würde, stürzte ins nächste Café, bestellte einen Espresso und ein Glas Wasser und schrieb fieberhaft …"[58]

Diese Darstellung gehört zu den beliebten Legenden, die um Joanne Rowling gestrickt wurden. Sie selbst betont dagegen immer wieder, unter diesen erschwerten Bedingungen lediglich den ersten Band von „Harry Potter" beendet zu haben.[59] Bei Beginn der Arbeit war sie ja weder arbeitslos noch allein erziehende Mutter. Aber offensichtlich gibt diese Legende „die werbewirksamere Geschichte her. Sie klingt doch mehr nach einem rührenden Vom-Bettler-zum-Millionär-Märchen."[60]

Als das Edinburgher Lokal, in dem „Harry Potter" entstand, wird immer wieder Nicolsons' Café genannt.[61] Joanne Rowling selbst weist in Interviews darauf hin, dass sie in unterschiedlichen Cafés geschrieben habe,[62] und angesichts der beschriebenen Umstände – mit Kleinkind im Kinderwagen – erscheint ja Nicolsons auch eher ungeeignet: Es liegt nämlich im ersten Stock eines Hauses in der verkehrsreichen Nicolson Street (Verlängerung der South Bridge).
Das Geheimnis um Nicolsons wird von Joanne Rowling in einem Interview selbst geklärt: Nicolsons ist ein damals von ihrem Schwager neu eröffnetes Café. Hier war sie also sicher willkommen und sicher gab es hier für sie immer hilfreiche Hände, die halfen, den Kinderwagen hoch und runter zu tragen. „Das Personal war wirklich sehr nett", lobt die Autorin später.[63]

1995 konnte Joanne Rowling die Arbeit an „Harry Potter and the Philosopher's Stone" beenden und zur Veröffentlichung anbieten. Während sie auf Reaktionen zu ihrem Manuskript hoffte, arbeitete sie in Edinburgh als Französischlehrerin.[64] Die Reaktionen kamen – allerdings zunächst in Form von mehreren Absagen. Dabei wurde u.a. der Umfang des Buches bemängelt, 80.000 Wörter seien zu viel für ein Kinderbuch. 1996 gelang es dem Londoner Literaturagenten Christopher Little schließlich, das Manuskript beim damals eher kleinen, erst 1986 gegründeten Verlag Bloomsbury[65] unterzubringen, wo es im Juni 1997 erschien – allerdings in einer kleinen Auflage von nur 500 Exemplaren und für einen Vorschuss von angeblich £ 1.000.[66] Dass Ende 2000 ein einziges Exemplar dieser Erstauflage im westenglischen Swindon vom Auktionshaus Dominic Winter für umgerechnet 19.800,– DM (£ 6.000) versteigert würde, hat damals niemand vorhergesehen.[67]

Obwohl also dem Buch von niemandem eine große Zukunft vorausgesagt wurde, war „der Augenblick, in dem ich erfuhr, dass Harry veröffentlicht werden würde, einer der glücklichsten meines Lebens", betonte die Autorin.[68]

In dieser Situation akzeptierte sie auch, dass sie sich aus Marketinggründen einen weiteren Vornamen zulegen musste, dass ihre Vornamen aber nur in den Initialen „J. K." erscheinen sollten um zu verdecken, dass der Autor des Buches eine Frau ist. Das hätte vielleicht die kleinen männlichen Leser vom Griff zum Buch abhalten können. Erst als das Buch erfolgreich war, wurde das Geheimnis um „J. K." gelüftet. Dabei steht „J." für Joanne, „K." für Kathleen, nach ihrer Großmutter.[69] Joanne Rowling waren diese Dinge damals egal. In einem Interview sagte sie: „Das war die Idee des Verlegers, aber sie hätten mich auch Enid Snodgrass nennen können. Ich wollte nur, dass mein Buch veröffentlicht wird."[70]

J. K. Rowling, die Erfolgsautorin

Kurz vor Erscheinen von Band 1 der „Harry Potter"-Serie „Harry Potter and the Philosopher's Stone" (1997 bei Bloomsbury in London) hatte die Autorin ein Stipendium des Scottish Arts Council in Höhe von £ 8.000 erhalten – die höchste Summe, die von dieser Einrichtung je für die Förderung eines Kinderbuches ausgegeben wurde. Dadurch war es ihr nun möglich, den zweiten Band auszuarbeiten.

Wenig später erhielt sie einen Anruf von ihrem Literaturagenten Christopher Little, der ihr mitteilte, dass die Rechte für „Harry Potter and the Philosopher's Stone" im Rahmen einer Auktion an den Kinderbuch- und Pädagogikverlag „Scholastic" für mehr als £ 100.000 verkauft worden seien. [71] Damit war das Eis gebrochen, „Harry Potter" war auf dem besten Weg, ein Bestseller zu werden.

In schneller Folge erschienen nun die nächsten Bände sowie Lizenzausgaben und Übersetzungen in den USA, in Deutschland und mehr als 40 anderen Ländern. 1998 wurden die Film- und Merchandisingrechte für „Harry Potter" von der Firma Time Warner Entertainment erworben. Bis Anfang des Jahres 2000 waren weltweit mehr als 35 Millionen Exemplare verkauft und Joanne K. Rowling zählte zu den reichsten Frauen Großbritanniens.[72]

Dieser Erfolg hat es der Autorin leicht gemacht, ihren Beruf als Lehrerin aufzugeben und sich ganz dem Schreiben und den Dingen zu widmen, die in der Verlagsbranche als „Promotion" bezeichnet werden: Interviews geben, Lesungen durchführen, Bücher signieren.

Neben dem kommerziellen Erfolg steht für die Autorin auch ein ideeller. So wurden ihre Bücher mit zahlreichen Literaturpreisen ausgezeichnet. Sie selbst erhielt die Ehrendoktorwürde der Universitäten von Dartmouth (USA, Juni 2000), St. Andrews (Schottland, Juni 2000), Exeter (England, Juli 2000) und Edinburgh (Schottland, November 2000). Aus Anlass des Geburtstages der Queen im Jahr 2000 wurde sie mit dem Orden des Britischen Empire ausgezeichnet,[73] was dem Bundesverdienstkreuz entspricht.

Hektik bei der Signierstunde: J.K. Rowling versucht vergeblich den Absturz der Stifte zu verhindern

LEBEN ALS STAR

Wie ein Spice Girl?

Wenn J. K. Rowling auftaucht, kann sie, wie sich u.a. im kanadischen Toronto gezeigt hat, inzwischen ganze Stadien füllen.[74] Auch wenn sie aus Anlass einer „ganz normalen" Promotion-Tour unterwegs ist, kommt es bei ihren Fans zu begeisterten Reaktionen, die an die Beatlemania der 60er Jahre erinnern.[75] Von ihren Erfahrungen bei einer Reise durch die USA berichtet sie mit den Worten: „Es war eine surreale Erfahrung. Wenn ich eine Buchhandlung betrat, fing der ganze Laden an zu schreien. [...] Manchmal komme ich mir vor wie ein Spice Girl, nur ohne den Spaß."[76]

Kommerzieller Erfolg, Reichtum, internationale Anerkennung und die Erfahrung, dass sie nun eine Person des öffentlichen Interesses ist, haben das Leben J. K. Rowlings verändert, obwohl sie sich um Normalität in ihrem Leben bemüht – gerade was die Betreuung ihrer Tochter Jessica betrifft. Die Erwartung sei offenbar, sagt Rowling in einem Interview,

Signierstunde in der Münchner Buchhandlung Hugendubel am 22.3.2000

dass jemand, der zu Geld gekommen ist, sein Kind an ein Bataillon von Kinderpflegerinnen übergibt und dann macht, was er will. „Tatsache ist aber, dass ich meine Tochter selbst aufziehen möchte und das bedeutet, dass ich viel Zeit mit ihr verbringe."[77]

Zum Glück, so meint Rowling, sei sie im Moment noch eine Person, die in der Öffentlichkeit nicht so leicht erkannt werde. So könne sie überall hingehen und problemlos ihre Sachen erledigen, könne ihr ganz normales Leben führen. Und – so ihr Stoßgebet – „bitte, Gott, lass das immer so sein."[78]

Während sich bei öffentlichen Auftritten in aller Welt lange Schlangen von Fans bilden, die eines ihrer Bücher signieren lassen möchten, kann die Bestsellerautorin im Moment in Edinburgh noch in Cafés sitzen und schreiben, ohne dass sie um ein Autogramm gebeten wird.[79]

Die Zeit der kleinen Etagenwohnung ist natürlich inzwischen vorbei. Joanne K. Rowling bewohnt mit ihrer Tochter längst ein eigenes Haus in Edinburgh – ein Haus, das Journalisten nicht betreten dürfen. Für unvermeidbare Interviews trifft sie sich mit den Journalisten in einem Hotel.[80] Zusätzlich hat sie sich für umgerechnet 14 Millionen DM in London eine Villa gekauft, in der es nach Zeitungs-berichten sechs Schlafzimmer und auch einen Garten und einen Swimmingpool geben soll. Diese Villa wird natürlich rund um die Uhr bewacht.[81]

Soziales Engagement

Die allein erziehende Mutter Joanne Rowling hat jedoch nicht vergessen, dass sie eine Zeitlang als Sozialhilfeempfängerin leben musste – sie erinnert sich gut an das Gefühl von Ausgrenzung, von Demütigung.[82] Heute zeigt sie soziales Engagement und spendete einer Organisation, die allein erziehende Eltern unterstützt, einen Betrag von 1,64 Millionen DM. Als Botschafterin für den britischen Nationalrat für Alleinerziehende hat sie auch der Regierung in London die Leviten gelesen und gefordert, endlich gegen die beliebten Legenden um allein erziehende Eltern vorzugehen. Sie sei erfreut über die durch den Begriff „New Deal" gekennzeichnete Politik der Regierung. Angesichts der Tatsache, dass in Großbritannien mehr als eine Million Kinder allein erziehender Eltern in Armut lebten, sei aber ein weiterer „good deal" notwendig.[83]

Ebenfalls von ihr mit hohen Beträgen unterstützt werden zwei weitere Wohlfahrtsorganisationen, darunter eine Stiftung zur Erforschung von Multiple Sklerose, der Krankheit, an der ihre Mutter so unverhofft gestorben war.[84]

„HARRY POTTER", DER WELTERFOLG

DIE ERSTEN „HARRY POTTER"-BÄNDE

Harry Potter und der Stein der Weisen

Joanne K. Rowling: Harry Potter und der Stein der Weisen. Hamburg: Carlsen 1998, 336 Seiten, geb. Engl. Originalausgabe unter dem Titel „Harry Potter and the Philosopher's Stone". London: Bloomsbury 1997. US-Ausgabe: „Harry Potter and the Sorcerer's Stone". New York: Scholastic 1998.

Harry Potter ist eigentlich ein ganz „normaler" elfjähriger englischer Junge. Auffallend ist allenfalls seine runde Brille und eine Zickzack-Narbe auf der Stirn, die an einen Blitz erinnert. Durch zunächst ungeklärte Umstände hat er seine Eltern verloren und wächst nun bei den Dursleys, seinen spießigen Verwandten, als ungeliebtes und gegenüber dem leiblichen Sohn der Familie ständig benachteiligtes Kind in Little Whinging/Surrey auf. Schlafen muss er im Schrank unter der Treppe.

Harrys Leben ändert sich, als ihn ein Brief mit der Aufforderung erreicht, nach Hogwarts zu kommen, einer Schule für Hexerei und Zauberei.

Der riesige Hagrid, ein Gesandter aus der Welt der Zauberer, stattet ihn entsprechend aus und er ist es auch, der das Geheimnis um den Tod von Harrys Eltern lüftet: Sie starben nicht bei einem Autounfall, sondern wurden von Lord Voldemort, der Verkörperung des Bösen, getötet.

Der Zug nach Hogwarts fährt am Londoner Bahnhof King's Cross von Gleis neundreiviertel ab, das nur Zauberern zugänglich ist. In Hogwarts stellt Harry bald fest, dass er selbst eine Berühmtheit ist und dass seine Eltern einen geradezu legendären Ruf haben.

Das ist jedoch nicht alles, was er im ersten Schuljahr in Hogwarts erfährt. Er wird von prominenten Zauberern in den ungewöhnlichsten Schulfächern unterrichtet – etwa in der „Wissenschaft von den Zaubertränken" und im Fach „Verwandlung". In Hogwarts findet Harry zuverlässige Freunde wie z.B. Ron Weasley oder die ehrgeizige Hermine Granger, mit denen er nicht nur die zahlreichen Geheimnisse der Schule kennenlernt, sondern auch eine ganze Reihe von gefährlichen Abenteuern erlebt. Dabei macht er auch Bekanntschaft mit einer Reihe von merkwürdigen Lebewesen und lernt ein sehr ungewöhnliches Ballspiel mit dem Namen „Quidditch" kennen, bei dem die Mitspieler auf einem Besen reiten.

Leider gibt es in Hogwarts, wie im wirklichen Leben, auch Neider und Feinde. Am gefährlichsten aber ist Voldemort, der Harry nach dem Leben trachtet und mit allen Mitteln versucht, an den gut bewachten „Stein der Weisen" zu kommen um unsterblich zu werden. Dem jungen Harry Potter gelingt es jedoch mit Hilfe seiner Freunde und etwas Zauberei die Pläne des Bösen zu durchkreuzen.[1]

Harry Potter und die Kammer des Schreckens

Joanne K. Rowling:
Harry Potter und die Kammer
des Schreckens. Hamburg:
Carlsen 1999, 352 Seiten, geb.
Engl. Originalausgabe unter
dem Titel „Harry Potter and
the Chamber of Secrets".
London: Bloomsbury 1998.
US-Ausgabe: „Harry Potter
and the Chamber of Secrets".
New York: Scholastic 1998.

Mrs Norris, die Katze des Hausmeisters Filch, die ihm
Bei jeder Schandtat zur seite steht.

Mrs Norris, Schülerzeichnung (Elisabeth Wäsche,
Volksschule Langenbach, 10 Jahre)

Harry Potter, der junge Zauberer, erlebt recht unerfreuliche Ferien bei seinen Pflegeeltern, den Dursleys. Als sie ihn einsperren, um zu verhindern, dass er nach Hogwarts, der berühmten Zauberschule, zurückkehrt, wird er von seinen Schulfreunden Ron, Fred und George Weasley befreit. Bei ihnen verbringt er die letzten Ferientage. Da sie den Zug verpassen, fliegen Ron und Harry schließlich mit einem verzauberten Auto nach Hogwarts.

Das neue Schuljahr in Hogwarts bringt für Harry Potter eine Fülle von überraschenden, nicht immer erfreulichen Begegnungen und Erfahrungen. So erweist sich der berühmte Buchautor und Lehrer im Fach „Verteidigung gegen die dunklen Künste", Gilderoy Lockhart, als ein enttäuschender, eitler Aufschneider. Der Fast Kopflose Nick lädt an Halloween zur Feier anlässlich seines fünfhundertsten Todestages ein und dort treffen Harry und seine Freunde auch die Maulende Myrte, einen traurigen Geist, der in der Mädchentoilette wohnt und spukt.

Plötzlich hört Harry unerklärliche Stimmen und dann taucht an der Wand eine Schrift auf, die behauptet, die geheimnisvolle „Kammer des Schreckens" sei geöffnet. Hinzu kommt, dass zunächst die Katze des Hausmeisters, Mrs Norris, dann mehrere Personen versteinert werden. Jetzt wird Harry klar, dass eine echte Gefahr droht.

Wegen seiner zweifelhaften Vergangenheit verdächtigt und schließlich durch den Minister für Zauberei verhaftet wird zunächst Hagrid, der riesenhafte Wildhüter von Hogwarts mit seiner auffälligen Vorliebe für verschiedenartigste Monster. Ihm gelingt es aber, Harry und seinen Freunden einen zunächst rätselhaften aber letztlich entscheidenden Tipp zu geben: „Wenn jemand etwas herausfinden will, muss er nur den Spinnen folgen."

Das ist, wie sich bald herausstellt, gar nicht so einfach. Die Spur führt nämlich zu einer durchaus ungemütlichen Begegnung mit Aragog, einer Spinne im erschreckenden Format eines kleinen Elefanten. Immerhin erhält Harry hier einen weiteren Hinweis, der schließlich zur Maulenden Myrte und zu einer gefährlichen Riesenschlange führt, die in der „Kammer des Schreckens" lebt und immer wieder mal durch die Kanalisation der Schule wandert.

Harry gelingt es schließlich, in die „Kammer des Schreckens" zu kommen. Hier stellt sich schnell heraus, dass Lord Voldemort in der Gestalt des geheimnisvollen Tagebuchschreibers Tom Riddle der Urheber des ganzen Unheils ist. In einem Duell, bei dem Lord Voldemort sich der Riesenschlange bedient, Harry Unterstützung durch Professor Dumbledore erhält, gelingt es Harry jedoch, Voldemort zu besiegen.[2]

Harry Potter und der Gefangene von Askaban

Joanne K. Rowling:
Harry Potter und der Gefangene
von Askaban. Hamburg: Carlsen
1999, 448 Seiten, geb.
Engl. Originalausgabe unter
dem Titel „Harry Potter and
the Prisoner of Azkaban".
London: Bloomsbury 1999.
US-Ausgabe: „Harry Potter
and the Prisoner of Azkaban".
New York: Scholastic 1999.

Harry Potter, Schüler der berühmten Zauberschule Hogwarts, kann seine Sommerferien nicht recht genießen, denn er muss sie bei seinen Pflegeeltern, den Dursleys, verbringen. Größere Probleme sieht Harry vor allem deshalb auf sich zukommen, weil er beim Besuch einer „Tante" auf deren Kränkungen recht impulsiv reagierte. Er beförderte sie mit einem Schwebezauber an die Zimmerdecke und war dann selbst abgehauen. Zaubern außerhalb von Hogwarts ist den Schülern jedoch strengstens verboten.

Ganz überraschend wird er zwar durch das Zaubereiministerium aufgegriffen, darf aber doch ganz pünktlich in Hogwarts das neue Schuljahr beginnen. Harry weiß, dass er auch in diesem Schuljahr einer besonderen Gefahr ausgesetzt ist. Denn Sirius Black, ein verurteilter Mörder und Anhänger des bösen Lord Voldemort, ist aus Askaban, dem stark bewachten Gefängnis der Zauberwelt, entkommen. Die Wächter von Askaban, schrecklich ausschauende und durchaus gefährliche „Dementoren", sollen Black wieder einfangen. Trotzdem gelingt es dem Geflohenen, in die gut bewachte Schule einzudringen.

Harry Potter, Schülerzeichnung
(Stephanie Ertl, Volksschule
Langenbach, 11 Jahre)

Bei einem verbotenen Ausflug erfährt Harry, dass sein Vater und Sirius Black während ihrer gemeinsamen Schulzeit in Hogwarts und auch danach unzertrennliche Freunde waren. Dennoch hat Black angeblich für Voldemort gearbeitet, Harrys Eltern verraten und so zu ihrem Tod beigetragen. Nähere Auskünfte soll ihm Hagrid geben, der als neuer Lehrer in diesem Schuljahr das Fach „Pflege magischer Geschöpfe" unterrichten darf.

Aber auch Hagrid hat schnell selbst mit großen Problemen zu kämpfen. In seiner ersten Unterrichtsstunde stellt er echte Hippogreife (eine Mischung aus Pferd und riesigem Adler) vor. Dabei wird Harrys Gegenspieler Malfoy, wenn auch durch eigene Schuld, leicht verletzt. Der schnell einberufene Ausschuss für die Beseitigung gefährlicher Geschöpfe beschließt, dass Schnäbelchen, wie Hagrid den bösartig gewordenen Hippogreif zärtlich nennt, hingerichtet werden soll. Mit Hilfe des weisen Schulleiters Dumbledore gelingt es Harry und seinen Freunden aber, sowohl Schnäbelchen zu retten als auch Sirius Black – denn der erweist sich am Ende doch nicht als der Bösewicht, für den ihn alle gehalten haben.[3]

Harry Potter und der Feuerkelch

Joanne K. Rowling:
Harry Potter und der Feuerkelch.
Hamburg: Carlsen 2000,
767 Seiten, geb.
Engl. Originalausgabe unter
dem Titel „Harry Potter
and the Goblet of Fire".
London: Bloomsbury 2000.
US-Ausgabe: „Harry Potter
and the Goblet of Fire."
New York: Scholastic 2000.

Wieder verlebt Harry Potter seine Ferien bei den Dursleys. Ein Albtraum zeigt ihm, wie der alte Gärtner Frank Bryce im Haus der Riddles von Voldemort getötet wird, da er Zeuge eines geheimen Gespräches zwischen dem Bösen und dessen Diener Wurmschwanz geworden ist. Harry beschließt, vorläufig niemandem von seinem Traum zu erzählen. Er schreibt jedoch an seinen Paten Sirius Black, dem aus Askaban ausgebrochenen Gefangenen, einen Brief und teilt ihm mit, dass seine Narbe schmerzt. Das war schon immer ein schlechtes Zeichen. Während Harry noch auf das Ende der Ferien wartet, wird er von den Weasleys eingeladen, am Finale der Quidditch-Weltmeisterschaft teilzunehmen. Die Weasleys holen ihn persönlich ab, hinterlassen bei den Dursleys aber ein ziemliches Durcheinander.

Mit Hilfe eines (Trans-)Portschlüssels, einer zauberhaften Möglichkeit, von einem Ort zu einem anderen zu kommen, erreichen sie den abgelegenen Ort, an dem der Wettkampf stattfinden soll. Die gute Stimmung ist allerdings schnell dahin, als plötzlich maskierte Anhänger Voldemorts aufmarschieren und dessen drohendes Zeichen am Himmel erscheint.

Harry und seine Freunde sind schließlich froh, als sie mit dem Hogwarts-Express wieder ihre Schule erreichen. Hier verkündet Schulleiter Dumbledore, dass es in diesem Jahr keinen Quidditch-Wettbewerb zwischen den Häusern von Hogwarts geben werde, vielmehr sei erstmals seit etwa siebenhundert Jahren wieder ein „Trimagisches Turnier" als freundschaftlicher Wettstreit zwischen den drei größten Zaubererschulen Europas geplant. Für dieses Turnier werde ein Feuerkelch die geeigneten Champions auswählen. Diese müssen allerdings mindestens siebzehn Jahre alt sein.

Für alle überraschend wählt der Feuerkelch für Hogwarts neben Cedric Diggory auch noch Harry Potter aus – obwohl er zu jung ist und obwohl Hogwarts nun mit zwei Kandidaten am Wettbewerb teilnimmt. Dass hier ein mächtiger Zauberer seine Hand im Spiel haben muss, ist bald klar, die Hintergründe klären sich aber erst am Schluss des Romans.

Harry gelingt es, wenn auch mit Unterstützung durch seine jungen und alten Freunde, die ersten beiden Aufgaben des Turniers zu lösen. Außerhalb des Wettbewerbs muss er sich jedoch immer wieder mit der Missgunst seiner Mitschüler und sogar seiner Freunde auseinandersetzen. Eine schwierige Herausforderung für ihn ist auch der Weihnachtsball. Eigentlich wollte er die attraktive Cho als Partnerin einladen. Er traut sich jedoch nicht und muss schließlich betrübt feststellen, dass sie inzwischen eine Einladung Cedrics angenommen hat, der offizieller Bewerber Hogwarts für das Turnier ist und damit auch auf diesem Gebiet sein Konkurrent.

Bei der dritten Aufgabe erreichen Cedric und Harry durch ein mit vielen Hindernissen ausgestattetes Labyrinth gleichzeitig den Feuerkelch. Dieser ist aber unverhofft zum Portschlüssel geworden und bringt die beiden zu einem Friedhof. Hier warten schon Voldemort und sein Diener Wurmschwanz. Diese töten sofort den „überflüssigen" Cedric. In einer makabren Szene, die mit „Fleisch, Blut und Knochen" überschrieben ist und das Prädikat „Horror" verdient, gelingt es Harry, sich in einer ausweglos erscheinenden Situation gegen Voldemort zu behaupten. Dessen Plan, wieder zu Kraft und Macht zu kommen, kann doch noch durchkreuzt werden – nicht zuletzt durch die Ermutigung, die Harry aus dem Jenseits von den Opfern Voldemorts erhält. Der Geist von Cedric ist dabei und auch der seines Vaters und seiner Mutter.

Mit Hilfe des Feuerkelchs gelingt in letzter Sekunde die Rückkehr in den geschützten Bereich von Hogwarts – und Cedrics Leiche bringt Harry auch zurück. Jetzt kümmern sich Lehrkräfte und Freunde um den heldenhaften jungen Zauberer. Klar ist allerdings, dass Lord Voldemort keineswegs besiegt ist – der Kampf gegen das Böse wird weitergehen.[4]

Englischer Friedhof bei der Abtei der Hafenstadt Whitby;
in diesem Ort entstand Bram Stokers Horror-Roman „Dracula".

„HARRY POTTER" –WIE GEHT'S WEITER?

„Harry Potter und ..."

Joanne K. Rowling hat ihre „Harry-Potter"-Serie auf insgesamt sieben Bände angelegt, jeder Band konzentriert sich auf eines der Schuljahre, die Harry Potter auf der berühmten Zauberschule Hogwarts verbringt. Diesem Konzept entsprechend, werden Harry und seine Freunde immer älter und die Themenschwerpunkte verändern sich. Auch Pubertät und Liebe werden von der Autorin berücksichtigt, was sich schon in Band 4 andeutet. Damit ändert sich aber auch das Alter der Zielgruppe – entgegen den Angaben, die etwa über den Internet-Buchhandel verbreitet werden und zumindest bis Band 4 gleichbleibend von einem Lesealter „ab 10" (engl. ab 9) ausgehen.

Band 4 stellt, auch nach Meinung von Joanne K. Rowling, innerhalb der „Harry Potter"-Serie einen Wendepunkt dar, er hat für die ganze Reihe eine zentrale Bedeutung.[5] Allerdings ist Band 4 trotz seines erheblichen Umfangs keineswegs das dickste Buch. Sie denkt, dass Band 7 das dickste Buch der Serie sein wird. „Band 7", sagt sie ironisch, „wird wie die ‚Encyclopaedia Britannica', weil ich mich schließlich verabschieden muss."[6]

Von Band 5 hat die Autorin, entgegen der üblichen Geheimhaltung, bereits den Titel verraten. Er heißt auf Englisch: „Harry Potter and ..."

„... the Order of the Phoenix"

In der deutschen Übersetzung bedeutet das: „Harry Potter und der Orden des Phönix"[7], was darauf hinweist, dass Dumbledores Haustier, der Phönix Fawkes, hier eine besondere Rolle spielen könnte.[8]

Band 5 sollte ursprünglich in der englischen, amerikanischen und deutschen Ausgabe 2001 erscheinen. Wegen angeblicher Überarbeitung der Autorin wurde der Erscheinungstermin inzwischen auf 2002 verschoben.

Allerdings sollen 2001 nun zwei dünne Sonderbände veröffentlicht werden, mit denen die Autorin die karitative Organisation „Comic Relief" unterstützen möchte. Geplant sind die Bändchen zu den Themen „Sagentiere und wo sie zu finden sind" („Fantastic beasts and where to find them") und „Quidditch im Wandel der Zeiten" („Quidditch through the Ages").

Rowling meint, dass sie immer den geheimen Wunsch hatte, diese beiden Bücher zu schreiben. Nach englischen Presseberichten wird sie diese Zusatzbändchen sogar selbst illustrieren. Zwei erste Zeichnungen von Joanne K. Rowling waren bereits in dem von Lindsey Fraser herausgegebenen Büchlein „An interview with J. K. Rowling" veröffentlicht worden (dort S. 36).

Auf beide Bände hat die Autorin indirekt bereits früher hingewiesen – sie werden in „Harry Potter und der Stein der Weisen" genannt. Der Titel „Sagentiere und wo sie zu finden sind" steht auf der Liste der Lehrbücher, die Harry Potter für Hogwarts braucht (Bd. 1, S. 76). „Quidditch im Wandel der Zeiten" hatte sich Harry von Hermine geliehen, „ein Buch, in dem es interessante Dinge zu lesen gab" (Bd. 1, S. 198 f.). Snape, nicht gerade Harrys Lieblingslehrer, hat ihm allerdings wenig später das Buch wieder weggenommen.[9]

Zweifellos kann für Joanne Rowling von einer Arbeitsüberlastung, die sich aus dem eigentlichen Schreiben, den zahlreichen Promotion-Terminen und ihren Aufgaben als Mutter ergibt, ausgegangen werden. Der Grund für die Verschiebung könnte aber auch darin liegen, dass dem ebenfalls für 2001 angekündigten Start des Films „Harry Potter" in den Medien keine Konkurrenz durch einen neuen „Harry Potter"-Band erwachsen soll.

Über den Inhalt der Bände 5 bis 7 lässt sich im Moment nur spekulieren. Zahlreiche Gerüchte, die sich stets auf nicht überprüfbare Quellen berufen, werden im Internet verbreitet.

Snape, Schülerzeichnung
(Daniel Mikolajetz, Volksschule
Langenbach, 10 Jahre)

Danach soll z.B. Professor Lupin, der in Band 3 bei Hogwarts gekündigt hat, da er ein Werwolf ist, wieder zurück-kommen. Die Lebensgeschichte von Harrys Mutter Lily Potter könnte aus-führlicher dargestellt werden. Profes-sor Snape verliebt sich. Ja, es wird sogar spekuliert, ob Lord Voldemort womöglich Harrys wirklicher Vater ist. Und Harry und sein bisheriger Gegen-spieler Draco Malfoy könnten im Kampf gegen die bösen Mächte zu-sammenarbeiten – und ... (hier ist Platz, um eigene Fantasien zu entwik-keln).[10]

Soweit man das entsprechenden Informationen in der Presse und im Internet entnehmen kann, ergibt sich für die „Harry Potter"-Bände und den Film insgesamt der folgende Veröffentlichungsplan:

„Harry Potter"-Ankündigung in einer englischen Buchhandlung

Band	Harrys Alter	Erscheinungsjahr		
		englische	US-	deutsche
		Ausgabe		
Band 1	11	1997	1998	1998
Band 2	12	1998	1998	1999
Band 3	13	1999	1999	1999
Band 4	14	2000	2000	2000
Sonderband 1		2001	2001	2001
Sonderband 2		2001	2001	2001
Film		2001	2001	?
Band 5	15	2002	2002	2002
Band 6	16	2003	2003	2003
Band 7	17	2004	2004	2004

DAS PHÄNOMEN „HARRY POTTER"

Das Phänomen

Als „Phänomen" bezeichnet man etwas, das ungewöhnlich und auffällig erscheint.[11]

Wer bei „Harry Potter" Ungewöhnliches und Auffälliges sucht, wird zunächst auf eher äußere Umstände stoßen: auf den weltweit gigantischen Erfolg dieser Kinderbuchserie. Ungewöhnlich und auffällig sind dagegen *nicht* die Inhalte, *nicht* Darstellungsform oder literarische Qualität, das soll hier ganz wertfrei festgestellt werden.

Der ungewöhnliche Erfolg von „Harry Potter" äußert sich vor allem in den Verkaufszahlen, die in kürzester Zeit erzielt werden konnten, wozu auch der Verkauf von Lizenzen für Ausgaben in anderen Ländern und Sprachen gehört. Weitere Hinweise auf den Erfolg bieten eine sehr umfangreiche Berichterstattung in den unterschiedlichen Medien und die zahlreichen Literaturpreise. Dabei muss davon ausgegangen werden, dass sich diese Elemente des Erfolgs gegenseitig bedingen und stützen: Auffällig hohe Verkaufszahlen bewirken ein erhöhtes Medieninteresse. Das Medieninteresse lässt auch Mitglieder verschiedener Jurys für Literaturpreise aufhorchen. Literaturpreise führen wiederum zu Medieninteresse, damit zu öffentlicher Aufmerksamkeit und zu höheren Verkaufszahlen. „Ein wahrhaft magischer Kreislauf", meint dazu der Journalist Rolf Elsener.[12]

Dieser Zusammenhang gilt aber nicht allein für „Harry Potter", er lässt sich natürlich auch bei anderen erfolgreichen Büchern feststellen.

Um das Phänomen „Harry Potter" richtig einschätzen zu können, sollte man wissen, dass als meistverkauftes Buch auf der Welt mit ca. 2,5 Milliarden Exemplaren (seit 1815) immer noch die Bibel gilt. Von der Kinderbuchreihe „Gänsehaut" des amerikanischen Autors R.L. Stine wurden, seit 1992 bei Scholastic der erste Titel erschien, weltweit 220 Millionen Exemplare abgesetzt. Als erfolgreichste Autorin aller Zeiten gilt die Engländerin Agatha Christie, deren Kriminalromane in bisher ca. 2 Milliarden Exemplaren verbreitet wurden.[13]

Grundlage der so beschriebenen literarischen Phänomene ist – und das gilt auch für „Harry Potter" – ein weltweites Interesse in breiten Leserschichten. Über die Ursachen dieses Interesses lassen sich jedoch kaum überprüfbare Aussagen machen. Sicher hat Klaus Fritz, der „Harry Potter" ins Deutsche übersetzt hat, Recht mit seinem Hinweis: „Das Rezept für einen solchen Erfolg kennt niemand."[14]

Für den Erfolg „Harry Potters" dürften neben einem geschickten Marketing und einer begeisterten Berichterstattung in den Medien auch psychologische und soziologische Gesichtspunkte, auf die noch hingewiesen wird, eine Rolle spielen. Eine besondere Bedeutung für diesen Erfolg hat aber sicher auch das Internet. Diesem Thema ist daher ein eigenes Kapitel gewidmet.

Der Verkaufserfolg

Der Erfolg von „Harry Potter" war nicht vorhersehbar. Das zeigt sich darin, dass von der Erstauflage in Großbritannien nur 500 Exemplare gedruckt wurden.[15] Der Umschwung kam mit dem in England Schlagzeilen machenden Verkauf der Rechte für die amerikanische Ausgabe an den New Yorker Verlag Scholastic, der schon die Erfolgsserie „Gänsehaut" von R.L. Stine in seinem Programm hatte. Scholastic zahlte mehr als £ 100.000, was für den Erstling einer bis dahin unbekannten Autorin eine erhebliche Summe ist.[16]
Die Investition hat sich für Scholastic gelohnt, denn der Verlag konnte schon im Geschäftsjahr 1998/1999 seinen Gewinn um 56 Prozent auf 69,9 Millionen DM und seinen Umsatz um neun Prozent auf 2,2 Milliarden DM steigern. Zu dem guten Ergebnis hat vor allem das Kinderbuchprogramm beigetragen, das in „Harry Potter" eine wichtige Stütze hat.[17]

Die nächste Sprosse auf der Leiter zum Erfolg war erklommen, als – nach inzwischen erstaunlichen Verkaufserfolgen der Buchausgaben – der Medienkonzern Time Warner 1998 die Filmrechte und die Merchandisingrechte für „Harry Potter" erwarb. Allein für die Filmrechte an den ersten beiden Bänden wurde eine unbekannte siebenstellige Summe (in US-Dollar) gezahlt.[18]

Zusätzlich konnte Christopher Little, Joanne Rowlings Literaturagent in London, Lizenzen an Verlage in aller Welt verkaufen. In der Presse ist allein von Übersetzungen in mehr als 40 Sprachen die Rede. Selbst das ferne China mochte auf „Harry Potter" nicht verzichten. Die drei ersten Bände von „Hali Bote", wie der junge Zauberer hier heißt, erschienen hier im Herbst 2000 in einer Erstauflage von jeweils 200.000 Exemplaren im Verlag für Volksliteratur (Peking).[19]

Wer Angaben zu den Auflagenhöhen insgesamt machen möchte, befindet sich in einer ausweglosen Situation. Allein der Hamburger Carlsen Verlag verkauft pro Woche zwischen 250.000

49

und 300.000 Exemplare an den Buchhandel – die Zahlen ändern sich also ständig.

Von den deutschsprachigen Ausgaben des Carlsen Verlages sollen bis Ende November 2000 ca. sechs Millionen Exemplare der Bände 1 bis 4 verkauft worden sein.[20] Die Londoner Times schätzt, dass es bis zum Juli 2000 weltweit ca. 35 Millionen Exemplare der Bände 1 bis 3 waren.[21]

Gigantische Verkaufsrekorde hat auch Band 4 erreicht. „Harry Potter and the Goblet of Fire" erschien am 8. Juli 2000 in englischer Sprache in einer Erstauflage von 5,3 Millionen Exemplaren. Schon am ersten Tag wurden davon allein in Großbritannien fast 400.000 Exemplare verkauft.[22] In den USA setzte die Buchhandelskette

Barnes & Noble am ersten Verkaufswochenende mehr als 500.000 Exemplare ab. Der Online-Buchhändler Amazon verkaufte an diesem Wochenende ca. 400.000 Exemplare. „Das Erscheinen des Bandes ist für den Buchhandel in der englischsprachigen Welt das bislang größte Geschäft der Geschichte", heißt es dazu im Börsenblatt für den Deutschen Buchhandel.[23]

In Deutschland erschien „Harry Potter und der Feuerkelch" am 14. Oktober 2000. Auch hier gelang es durch ein geschicktes Marketing das Interesse anzuheizen. Nach Angaben des Carlsen Verlages lag die Startauflage für die deutschsprachige Ausgabe bei 1 Million, davon wurden gleich am ersten Wochenende ca. 530.000 Exemplare verkauft.[24]

In Großbritannien, den USA und Deutschland wurde der 4. Band von „Harry Potter" mit der höchsten jemals gedruckten Erstauflage eines Buches veröffentlicht – ein Fall für das Guinness Buch der Rekorde.[25]

Ihren Niederschlag haben diese riesigen Verkaufszahlen auch in den verschiedensten Bestsellerlisten gefunden. „Harry Potter" eroberte die Bestsellerlisten der New York Times ebenso wie die des „Spiegel" oder von „Focus". Meist wurden die vorderen Plätze über Wochen und Monate belegt.

Berichterstattung

Buchbesprechungen oder gar ausführlichere Beiträge in Zeitungen, Zeitschriften und anderen Medien tragen wesentlich zum Erfolg eines Buches bei. So gesehen, kann der Erfolg von „Harry Potter" nicht ohne die Berichterstattung über diesen Erfolg verstanden werden. Weltweit sind inzwischen sicher tausende von Zeitungsartikeln unterschiedlichster Qualität erschienen – in Lokalausgaben mit geringer Verbreitung ebenso wie in international angesehenen Publikationen und den Massenblättern der Boulevardpresse. Für den deutschen Sprachraum von Bedeutung waren sicher Besprechungen in der Wochenzeitung „Die Zeit" (zuerst 8.10.1998, 17.6.1999), ganzseitige Artikel z.B. in der „Süddeutschen Zeitung" (29./30.1.2000), mehrseitige und farbige Beiträge im „Stern" (5.1.2000, 5.10.2000). Was hier vorgestellt und diskutiert wird, findet auch die Aufmerksamkeit von Journalisten, die für weniger bedeutende Zeitungen und Zeitschriften arbeiten.

Auch unterschiedliche Fernseh- und Rundfunksender haben sich des Phänomens „Harry Potter" angenommen. Wobei, was die Quantität (nicht die Qualität) betrifft, die Berichterstattung rund um den Erscheinungstermin von Band 4 sicher einen Höhepunkt darstellt. Das Erscheinen dieses Buches war – was als äußerst ungewöhnlich angesehen werden muss – um den 14. Oktober 2000 herum *die* Nachricht, auf die kein deutscher Sender und keine Zeitung verzichten mochte.

Bestseller

Belletristik

1 (1) **Joanne K. Rowling** Harry Potter und der Feuerkelch *Carlsen; 44 Mark*

2 (3) **Joanne K. Rowling** Harry Potter und der Gefangene von Askaban *Carlsen; 30 Mark*

3 (2) **Joanne K. Rowling** Harry Potter und der Stein der Weisen *Carlsen; 28 Mark*

4 (4) **Joanne K. Rowling** Harry Potter und die Kammer des Schreckens *Carlsen; 28 Mark*

5 (5) **Rosamun**

Bestsellerliste des SPIEGEL: die ersten 4 Plätze von J. K. Rowlings „Harry Potter" belegt (DER SPIEGEL Nr. 45/2000, S. 351)

Literaturpreise

Immer wieder Anlass für eine Bericht-erstattung waren die zahlreichen Lite-raturpreise, mit denen die Autorin und ihre Bücher ausgezeichnet wurden.[26]

Die Anzahl der im deutschen Sprach-raum verliehenen Auszeichnungen nimmt sich dabei vergleichsweise bescheiden aus: 1999 wurde Band 1 für den „Deutschen Jugendliteratur-preis" nominiert – was lediglich eine Ehrung ohne entsprechende Preis-summe ist.

Im gleichen Jahr wurde der gleiche Band auf die Liste der „10 Bremer Besten" gesetzt und in Wien mit dem Preis der „Jury der jungen Leser" ge-ehrt, der aus einer Urkunde und einer Einladung nach Wien besteht. 1999 wurde Rowling von der Fachzeitschrift Buchmarkt als „Autorin des Jahres" ausgezeichnet. Im Jahr 2000 erhielt die Autorin für ihr bisheriges Werk den in den einschlägigen Nach-

schlagewerken bisher nicht verzeich-neten „Heidelberger Leander" und für „Harry Potter und die Kammer des Schreckens" die „Kallbacher Klapper-schlange".

Als englischsprachige Autorin erhielt Joanne K. Rowling natürlich deutlich mehr Auszeichnungen in Großbritanni-en und den USA, u.a.:

Band 1
- ABBY Award, American Booksellers Association 1999
- Anne Spencer Lindbergh Price in Children's Literature 1997/98
- British Book Awards – Children's Book of the Years 1997
- Carnegie Medal 1997
- FCBG Children's Book Award 1997
- Nestlé Smarties Book Price 1997
- Scottish Arts Council – Children's Book Award 1999
- The Guardian Children's Fiction Award 1997

Headline der Auswahlliste 1999 für den Deutschen Jugendliteraturpreis (Arbeitskreis für Jugendliteratur, München)

Band 2
- British Book Awards – Children's Book of the Year 1998
- FCBG Children's Book Award 1998
- Nestlé Smarties Book Price 1998
- Whitbread Children's Book Award of Year 1998

Band 3
- British Book Awards – Children's Book of the Year 1999
- FCBG Children's Book Award 1999
- Nestlé Smarties Book Price 1999
- Whitbread Children's Book Award of Year 1999

Gesamtwerk
- Bookseller Author of the Year 1998
- Author of the Year Award 1999
- Author of the Year Award 2000

Viele dieser Preise sind mit hohen Geldsummen verbunden und genießen großes Ansehen. Auch die Verleihung von Ehrendoktorwürden durch verschiedene Universitäten und der von der englischen Königin verliehene Orden des British Empire (vgl. S. 33) sind als Auszeichnungen in Zusammenhang mit dem literarischen Werk zu sehen und haben natürlich zum Ruhm der Autorin und ihres Helden Harry Potter beigetragen.

Erwähnt werden sollte aber auch, dass „Harry Potter" nicht jeden möglichen Literaturpreis erhält. So wurde beim „Wettkampf" um die im Juli 2000 verliehene angesehene englische „Library Association Carnegie Medal" „Harry Potter" nicht einmal erwähnt. Ausgezeichnet wurde vielmehr das umfangreiche, komplexe und als schwierig angesehene Buch des ehemaligen Mönchs und Lehrers Aidan Chambers „Postcards From No Man's Land". Er zeichnete hier eine ganz und gar nicht fantastische Welt, die Krieg, Euthanasie und Homosexualität kennt (deutsch unter dem Titel „Nachrichten aus Niemandsland", Ravensburger Buchverlag 2001).[27]

Unterschrift von Aidan Chambers

Und auch beim begehrten Whitbread-Preis des Jahres 2000 ging „Harry Potter und der Feuerkelch" leer aus. „Wir fanden einfach nicht, dass es gut genug ist", erklärte der Vorsitzende der Jury dem Daily Telegraph.[28]

Psychologisch-soziologische Bedingungen des Erfolgs

Geht man davon aus, dass der Erfolg von Harry Potter mit der positiven Resonanz bei Kindern der westlichen Industrieländer zu tun hat, so sollte, wer über das Phänomen „Harry Potter" nachdenkt, auch berücksichtigen, dass sich die „Kindheit" in den letzten Jahren sehr verändert hat. Wissenschaftler sprechen heute von einer „Kindheit in der Risikogesellschaft", von „Konsum- und Krisenkindheit" und von „Medienkindheit".[29] Befragungen haben gezeigt, dass „Angst vor der Zukunft und Zukunftsvertrauen" bei Kindern gleichermaßen verbreitet sind. In diesem Zusammenhang hat der Wunsch, sich für die kommenden Herausforderungen mit schulisch erworbener Zauberei à la „Harry Potter" besser rüsten zu können, sicher eine besondere Bedeutung.

Das Leben heutiger Kinder ist durch eine „Ökonomisierung" geprägt.[30] Kinder sind „Teil der Produktplanung und somit Käufer geworden" und haben, unabhängig vom Geschlecht und der sozialen Herkunft, ähnliche Konsumwünsche. Sie orientieren sich sehr stark an den gerade populären Trends und an den Erwartungen der „Clique". Wenn „Harry Potter" (oder Diddl-Mouse oder Pokémon oder …) „in" ist und man hier nicht „mitzieht", kann es schnell passieren, dass man ausgegrenzt und isoliert wird.

Verstärkt wird die starke Fixierung auf die Clique auch durch den Wandel der Familie: Ein Drittel aller Ehen wird geschieden, ein Fünftel der Kinder wächst ohne biologischen Vater auf. Aus den unterschiedlichen und teilweise instabilen Familienstrukturen ergibt sich zum einen eine besondere Offenheit für neue Lebensformen. Zum anderen resultieren daraus aber auch für viele Kinder gewisse Ängste. Sie befürchten die geliebten Eltern oder einen Teil von ihnen zu verlieren. Es entsteht eine Unsicherheit darüber, „ob das traute Familienleben auch echt und ihnen nicht nur vorgespielt ist, denn sie wissen, was alles geschehen kann. Sie müssen immer damit rechnen, dass Verluste eintreten, und sind gerade deshalb stark auf Bestätigung, auf soziale Sicherheit und auf Zuwendung aus."[31]

Wer Rowlings Bücher gelesen hat, weiß, dass auch hier genau diese schwierige Situation immer wieder dargestellt wird. Hier wird gezeigt, wie man auch eine komplizierte „Welt in den Griff bekommt."[32] In einem Beitrag der Basler Zeitung wurde in diesem Zusammenhang vermutet, dass „Millionen von Lesern und Kinogängern […] im Zauberinternat Hogwarts nach Gemeinschaft suchen."[33]

Pottermania

In den 60er Jahren hatte man von „Beatlemania" gesprochen, wenn die Begeisterung der Fans für die von ihnen verehrte Musikgruppe in Hysterie und Tumulte umgeschlagen war. Angesichts der Szenen, die sich in Zusammenhang mit „Harry Potter" abgespielt haben und noch abspielen werden, darf nun auch der Begriff „Pottermania" verwendet werden.[34]

Zu den Anzeichen dieser Pottermanie – wobei „Manie" Sucht oder Besessenheit bedeutet – gehören sicher lange Schlangen nächtlich wartender Fans vor Buchhandlungen, die durchaus in Tumulte umschlagen können. Der Journalist Burkhard Wittmann hatte eine dieser Szenen in der Nacht zum 14.10.2000 vor einer Münchner Buchhandlung beobachtet: „Tausende von Menschen waren mit ihren Kindern gekommen, um bei der Harry-Potter-Party um Mitternacht dabei zu sein. Als erstes das neueste Potter-Buch zu bekommen. [...] Nichts ging mehr. Der [Laden] war voll – an die 3 000 Menschen drängten sich im Laden. Draußen vor der Tür schrien die Menschen [...]. ‚Ich hatte Angst, dass ein Kind eingequetscht wird, sagte Sylvia Schedel, Mutter von drei Kindern."[35]

Die gleiche überschwängliche Begeisterung war weltweit am Erstverkaufstag von „Harry Potter" Band 4 vor den Buchhandlungen zu beobachten und natürlich überall dort, wo Joanne K. Rowling persönlich auftauchte, z.B. am Londoner Bahnhof King's Cross: „Es ist Harry-Potter-Zeit, deshalb haben sehr viele Leute ein sehr dickes rotes Buch umklammert und warten [auf] den Anblick einer kleinen blonden Frau." Auch hier kommt es zu Tumulten: „‚Ich mach' nur meinen Job', klagt ein wütender Fotograf und will sofort Anzeige erstatten. Und daneben steht ein Vater, bleich vor Wut, und erklärt dem Polizisten, dass er nicht zulassen könne, wenn jemand seine kleine Tochter so grob wegdränge, und dass er deshalb ein bisschen ausgeteilt habe mit der Faust. [...] er ist einer der Unzähligen, die extra mit ihrem Kind hierher fuhren, an diesem besonderen Samstag, ganz in der Früh. Für ein Buch und ein Märchen und eine Märchentante."[36]

„Harry Potter" in der Schule

Dass und wie „Harry Potter" in den Klassenzimmern von den Schülerinnen und Schülern angenommen wird, lässt sich im Moment nur indirekt ermitteln – es gibt (noch!) keine wissenschaftlichen Untersuchungen, die dieses Thema beleuchten.

Ein wichtiges Indiz dafür, dass „Harry Potter" Gegenstand von Unterricht ist,

sind jedoch die in den USA und inzwischen auch in Deutschland vorliegenden Lehrerhandreichungen, Arbeitsblätter und anderen Materialien, von
denen viele im Internet, einige auch in
Zeitschriften, Büchern und Loseblatt-
sammlungen veröffentlicht wurden.[37]

Verschiedene Berichte belegen, dass
– oft angeregt durch Aktionen in
Buchhandlungen und Bibliotheken –
zahlreiche Lehrerinnen und Lehrer das
Thema „Harry Potter" in Unterrichts-
einheiten, Projekten und Partys aufgegriffen haben. Joanne K. Rowlings
Bücher bieten ja gerade für einen
handlungsorientierten und offenen
Literaturunterricht viele Möglichkeiten.[38]

*Literatur-Kartei zu „Harry Potter
und der Stein der Weisen"
(Verlag an der Ruhr, 2000)*

*Gespenst und Zauberer
auf einer „Harry Potter"-Party*

Hier soll als Beispiel nur erwähnt werden, dass man zu „Harry Potter" – für die Schule, im Rahmen von Aktionen zur Leseförderung in einer Bibliothek oder einfach ganz privat zu Hause – eine „Lesekiste" zusammenstellen kann. Die „Lesekiste" motiviert die Kinder einmal zum Lesen aber auch zum Schreiben – auch über das Buch hinaus. Sie besteht aus einem kunstvoll gestalteten Schuhkarton, in den alltägliche Gegenstände gelegt werden, die aber zugleich in einem der Kapitel des Buches eine Rolle spielen. Es ist klar, dass viele wichtige Gegenstände sich nicht für einen Aufenthalt im Schuhkarton eignen: Ein Besen etwa wäre zu groß, eine Grapefruit (Bd. 4, S. 34) würde irgendwann verfaulen. Die individuellen Lesekisten werden den anderen Mitschülern und der Lehrerin vorgestellt und stehen anschließend noch zur Besichtigung im Klassenzimmer oder in der Schulbibliothek bereit.

Die folgende Liste zeigt exemplarisch, was einer Schülerin eingefallen ist, die eine Lesekiste zu „Harry Potter und die Kammer des Schreckens" erarbeitet hat:

Vorstellung einer Lesekiste zu „Harry Potter" in einer 5. Klasse

1. KAPITEL: EIN GRÄSSLICHER GEBURTSTAG

ZETTEL: Auf diesem **Zettel** steht das Wort, das Harry bei den Dursleys nicht sagen darf (S. 6).

BRIEF: Das ist der **Brief**, den Harry im letzten Jahr von Hogwarts erhalten hatte (S. 9; vgl. Bd. 1, S. 59).

JÄTER: Das ist der **Jäter**, mit dem Harry die Blumenbeete gejätet hat (S. 14).

LAPPEN: Das ist der **Lappen**, mit dem Harry die Fenster geputzt hat (S. 14).

3. KAPITEL: DER FUCHSBAU

HAARNADEL: Mit dieser **Haarnadel** haben Fred und George die Tür zum Schrank unter der Treppe geknackt, um Harrys Sachen zu holen (S. 30).

NAMENSSCHILD: Dieses **Schild** mit dem verkehrt herum zu lesenden **Namen** „UABSHCUF" (Fuchsbau) steckte neben der Haustür der Weasleys im Boden (S. 36).

BRILLE: Das ist die **Brille** von Mr Weasley (S. 42).

4. KAPITEL: BEI FLOURISH & BLOTTS

SOCKEN: Diese **Socken** hat Mrs Weasley immer für Harry gewaschen (S. 46).

SCHLÜSSEL: Das ist der **Schlüssel**, mit dem sich Percy in seinem Zimmer einschließt (S. 50).

KLEINER BLUMENTOPF: In diesem **Blumentopf** befindet sich das Flohpulver, mit dem Harry und die Weasleys in die Winkelgasse fahren (S. 51).

Kurioses zum Phänomen „Harry Potter"

Dass „Harry Potter" zu einem weltweiten Phänomen geworden ist, das die Fantasie unterschiedlichster Menschen anregt, wird auch durch Dinge deutlich, die bei etwas distanzierterer Betrachtung als durchaus kurios angesehen werden können.

Originell ist die in Falkensee, einer Stadt im Havelland, entstandene Idee, ein leer und unter Denkmalschutz stehendes „Hexenhaus" aus Baumstämmen zu einem Harry-Potter-Museum zu machen. Immerhin hatte das Gebäude schon mal als Drehort für einige Szenen des zu zweifelhaftem Ruhm gekommenen Films „Männerpension" gedient. Eine engere Beziehung zwischen diesem Haus, Harry Potter und Joanne K. Rowling lässt sich allerdings nicht erkennen.[39] Diese Idee eignet sich vermutlich für sehr viele Orte, denn wo gäbe es kein Hexenhaus?

Als Motivationshilfe für einen guten Zweck wurde „Harry Potter" in Wiesbaden eingesetzt. Der Pfarrer der dortigen Thalkirche hatte zu einer Potter-Predigt eingeladen. Es kamen immerhin 100 Gottesdienstbesucher. „Mitten in den Herbstferien hätte ich normalerweise mit höchstens 30 bis 40 Leuten gerechnet", gestand der Geistliche anschließend der Presse.[40]

Die angeblich „kleinste Versicherungs-gesellschaft der Welt" mit dem Na-men „Sir Huckleberry", hatte eine Versicherung angeboten, mit der sich „Harry Potter"-Fans gegen das Ausbleiben von Band 5 versichern konnten. Wenn der Band nicht bis Ende des Jahres 2001 vorliegt, ist dieser Versicherungsfall gegeben. Für die Versicherten gibt es dann zwar kein Geld, aber immerhin einen Zauberkurs.[41]

Harry Potter beim Quidditch,
Schülerzeichnung (Christiane Wernegger u. Pia Niessen,
Volksschule Langenbach, 10 Jahre)

„HARRY POTTER" UND SEINE VERMARKTUNG

Marketing

Wenn man den Welterfolg von „Harry Potter" genau unter die Lupe nimmt, sollte man den wichtigen Punkt der Vermarktungsstrategien nicht vergessen. Was wurde und wird unternommen, um Joanne K. Rowlings Bücher und deren Helden zu vermarkten? Wie kann man damit den größtmöglichen Gewinn erzielen?

Gern geäußerte Behauptungen, dass es gar kein Marketing (d.h. Maßnahmen zur Förderung des Verkaufes) gegeben habe, dass alles „über Mundpropaganda auf dem Schulhof"[42] gelaufen sei oder dass die Kids das Marketing gemacht haben,[43] müssen dabei äußerst kritisch gesehen werden. Richtig ist sicher, dass das Ausmaß des Erfolges auch für Branchenkenner nicht vorsehbar gewesen ist.

Aber „die Marketingstrategen haben die Chance genutzt und Harry nach allen Regeln der Kunst bekannt gemacht," betont Hendrik Markgraf, der als Chefredakteur des Börsenblatts für den Deutschen Buchhandel zu den Branchenkennern zählt.[44]

Die Rowling-Legende

Von großer Bedeutung, die sich natürlich nicht in Euro und Dollar umrechnen lässt, ist sicher die Legende gewesen, die von Anfang an um die Autorin von „Harry Potter" gestrickt worden ist. Auch Markgraf meint, dass diese „märchenhafte Story vom einstigen Aschenputtel Joanne K. Rowling, der arbeitslosen Sozialarbeiterin, die es zur Bestsellerautorin gebracht hat", dazu gehört.[45] Der Beginn dieser Legende dürfte im Jahr 1997 zu suchen sein, als es dem Literaturagenten Christopher Little gelang, die amerikanischen Rechte am ersten Band von „Harry Potter" für mehr als £ 100.000 an den Scholastic Verlag zu verkaufen. Die englische Zeitung Telegraph trat damals mit der Überschrift

£ 100,000 success story for penniless mother

an die Öffentlichkeit.[46] Die wesentlichen Elemente der „Rowling-Legende" waren schon in diesem am 7. Juli 1997 erschienenen Artikel enthalten. Auch der Carlsen Verlag und der amerikanische Scholastic Verlag haben die wesentlichen Elemente dieser „Rowling-Legende" zunächst übernommen. Die Rede ist von einer frisch geschiedenen, arbeitslosen, fast mittellosen jungen Frau, die mit ihrer drei Monate alten Tochter im fremden Edinburgh ums Überleben kämpft und dabei noch einen Roman schreibt. Aber diese Version entspricht nicht ganz den Tatsachen (Näheres dazu auf den Seiten 15–35 in dem Kapitel „J.K. Rowling, eine Biografie").

Der Hamburger Carlsen Verlag hat inzwischen auch auf seiner Internetseite die ursprüngliche Rowling-Biografie durch eine neuere Version ersetzt, die eher den Tatsachen entspricht.[47]

Der Film

Ein wichtiges Element der Vermarktung eines Buches ist die Verfilmung. Die Filmrechte an „Harry Potter" hatte 1998 die Firma Time Warner erworben. Schon dieser Deal war ein Ereignis, das die Aufmerksamkeit von Presse und Öffentlichkeit erneut auf „Harry Potter" aufmerksam gemacht hat, zumal das Werk zunächst von Steven Spielberg verfilmt werden sollte. Der „Spiegel" meinte damals, damit sei der „Erfolg des Zauberstreifens [...] sogar für jeden Muggel vorhersehbar."[48]

Spielberg lehnte aber doch noch ab und so wurde schließlich Chris Columbus beauftragt Regie zu führen. Chris Columbus hat sich zum Beispiel

bei den Filmen „Kevin allein zu Haus' und ‚Mrs Doubtfire' als Spezialist fürs Jugendfrei-Spaßige profiliert. Die Begründung von Warner-Präsident Alan Horn fiel knapp aus: Columbus' bisherige Filme haben am meisten eingespielt."[49]

Gegen die Wahl des bekannten Regisseurs scheint es jedoch auch Vorbehalte gegeben zu haben. Fantasy- und Horror-Autor Stephen King meinte jedenfalls „Chris Columbus sei allemal zuzutrauen, auch ein Meisterwerk zu verhunzen. Schließlich habe Columbus mit ‚Goonies', einen der lautesten, dümmsten und nervtötendsten Kinderfilme aller Zeiten auf dem Gewissen."[50]

Der erste Harry-Potter-Film, für den Mitte 2000 die ersten Schauspieler ausgewählt wurden, soll bis 2001 in die amerikanischen und englischen Kinos kommen.

„Harry Potter" als Marke

Time Warner hat aber nicht nur die Filmrechte erworben, sondern auch die Merchandisingrechte, die eine weltweite Vermarktung „Harry Potters" auch in Bereichen ermöglichen, die mit Literatur nun wirklich nichts zu tun haben. Einige Teile dieser Rechte wurde inzwischen, z.T. für eine befristete Zeit, weiterverkauft. So darf der dänische Spielzeughersteller Lego „zusammenbaubares Spielzeug zu den geplanten zwei ersten Harry-Potter-Filmen" verkaufen.[51] Die englische Firma Electronics Arts darf Computer- und Internetspiele herstellen. Mattel und Hasbro haben ebenfalls Lizenzen erworben.[52] Auf der Liste der geplanten und z.T. schon lieferbaren Produkte[53] stehen u.a. auch:

- Kalender,
- Mützen und T-Shirts mit entsprechender Aufschrift,
- Brettspiele,
- Uhren,
- Schneekugeln,
- Bücherstützen,
- Bilderrahmen,
- Tassen,
- Spielkarten,
- Schulranzen und sogar
- Bettwäsche.

Nach einer Information des Kölner Stadtanzeigers rechnet Warner allein beim Merchandising (also ohne die Einnahmen durch die Verfilmung) mit einem Umsatz von einer Milliarde Dollar.[54]

Rechtliche Grundlage des Merchandising-Erfolges ist nicht allein der Vertrag, mit dem Time Warner von Christopher Little diese Rechte für eine erhebliche Summe erworben hat. Time Warner hat auch zahlreiche Begriffe aus den Büchern als Marke bzw. Warenzeichen (TM, Trademark) schützen lassen. So wurde der Name „Harry Potter" beim Deutschen Patent- und Markenamt in München als Marke für die Firma Time Warner Entertainment eingetragen.

„Merchandising-Produkt" – im Rahmen eines Unterrichtsprojektes angefertigte Dose für „Bertie Botts Bohnen in allen Geschmacksrichtungen" (4. Klasse)

BUNDESREPUBLIK DEUTSCHLAND

URKUNDE

über die Eintragung der Marke

Nr. 300 12 566
Akz.: 300 12 566.6/09

HARRY POTTER

T 30009

C 23700	1. Erfassung Kartel Erledigt am 4.5.00 / Handzeichen
	2. Erfassung Gebührenüberwachung Erledigt am 14.04.00 / Handzeichen LK
	3. Zur Aktenablage (zuständiger Anwalt) Erledigt am .... / Handzeichen
	Anwalt: Huth
	Eilvermerk:

Vertr.: Warner Bros.

Markeninhaber:
Time Warner Entertainment Co., L.P., New York, N.Y., US

Tag der Anmeldung: 18.02.2000   **Tag der Eintragung:** 16.03.2000

Der Präsident des Deutschen Patent- und Markenamts

Dr. Landfermann

Urkunde über die Eintragung der Marke „Harry Potter"
beim Deutschen Patent- und Markenamt

Geschützt sind nach Angaben in einem von Warner Bros. Studio Store herausgegebenen Katalog[55] auch die Namen

- Hogwarts
- Hedwig
- Nimbus 2000
- Quidditch
- Hagrid
- Gryffindor
- Dumbledore

Andere Firmen dürfen also ohne entsprechende Erlaubnis des Markeninhabers diese Namen nicht verwenden. Ob weit verbreitete Namen wie „Hedwig" und „Harry Potter" allerdings wirklich geschützt werden können und welche Rechte sich aus einem Markenschutz tatsächlich ableiten lassen – darüber gehen die Meinungen deutlich auseinander.[56]

Sogar verschiedene andere deutsche Kinderbuch-Verlage nutzen in ihrer Werbung mehr oder minder diskret die positiven Assoziationen, die „Harry Potter" hervorruft.

So verwendet zum Beispiel der Arena Verlag in einem Katalog einen Begriff der im Zusammenhang mit „Harry Potter" gerade in aller Munde ist, nämlich „... der Stein der Weisen". Der Beltz Verlag in Weinheim hatte sogar in einem Werbeblatt zu den Kinder- und Jugendbüchern „(...) Die schaurigen Geschichten

von Violet, Sunny und Klaus" von Lemony Snickert den Slogan „so spannend wie Quidditch" verwendet.[57] Der Carlsen Verlag hat daraufhin jedoch sehr schnell reagiert und dem Beltz Verlag die Verwendung des Wortes „Quidditch" verboten. So war der Beltz Verlag gezwungen sämtliche Werbeblätter mit dem Wort „Quidditch" zu vernichten.[58]

Die Nachteile einer Entwicklung, in der „Harry Potter" als Marke für zahlreiche Produkte steht, die weltweit erfolgreich vermarktet werden sollen, bekommen aber auch der deutsche Carlsen Verlag oder Verlage in Frankreich, Italien und anderen Ländern zu spüren. Bei einem globalen Merchandising kann nicht jedes Land seinen eigenen „Harry Potter" haben. Der Inhaber der Marke „Harry Potter", Time Warner also, hat daher ganz offensichtlich gegenüber anderen Lizenznehmern die Möglichkeit, seine eigene ästhetische Vorstellung durchzusetzen. Das zeigt sich darin, dass mit Band 4 der Carlsen Verlag auf seinen ursprünglichen Schriftzug für „Harry Potter" verzichten und die amerikanische Gestaltung übernehmen musste. Auch Neuauflagen der ersten drei Bände zeigen sich plötzlich in leicht verändertem Gewand. Die betroffenen Verlage werden sich damit trösten, dass der Verkauf von Merchandising-Produkten wiederum den Buchverkauf fördern könnte.

Band 3
noch mit dem
ursprünglichen Schriftzug
(1999)

Joanne K. Rowling: Harry Potter und der Gefangene
von Askaban, © Carlsen Verlag GmbH 1999

Band 4
mit der amerikanischen
Gestaltung
(2000)

Joanne K. Rowling: Harry Potter und der Feuerkelch,
© Carlsen Verlag GmbH 2000

LITERARISCHE BEZIEHUNGEN

ÜBER DAS SCHREIBEN

Die Wörtersammlerin

Nun ein kurzer Blick auf die Arbeitsweise der Erfolgsautorin Joanne K. Rowling. Besonders auffällig ist ihre Vorliebe für ungewöhnliche Wörter in ihren „Harry Potter"-Büchern. In Interviews wird sie immer wieder danach gefragt, wie sie zu diesen Wörtern gekommen ist.

Dazu sagt Rowling, dass sie nur einige der von ihr verwendeten Namen erfunden habe. Besonders auffällige Namen hat sie ganz gezielt gesammelt. „Ich habe sie von Heiligen des Mittelalters, von Landkarten, aus Wörterbüchern, von Pflanzen, Kriegerdenkmälern und von Leuten, die ich einmal getroffen habe."[1] Schon ihr Geburtsort „Chipping Sodbury" sei ja äußerst passend für jemanden gewesen, der lustige Namen sammeln würde.[2]

Ein Beispiel für einen ungewöhnlichen oder als auffällig angesehenen Namen ist z.B. „Hedwig", die eine Heilige ist. Von Rowling wird dieser Name für eine Schneeeule verwendet, mit der „Harry Potter" Post verschicken kann.

Schnee-Eule (Nyctea-scandiaca) auf einer finnischen Briefmarke

„Dumbledore", sagt Rowling, sei ein altes englisches Wort für „bumblebee" (Hummel) und „Snape" der Name eines Ortes irgendwo in England.[3] Ein Blick auf die Landkarte zeigt, dass selbst das von Rowling als Familienname verwendete Wort „Dursley" einen geographischen Bezug hat: Es ist ein Ort an der Autobahn M5 zwischen Bristol und Gloucester. In der Gegend also, in der Rowling ihre Kindheit und Jugend verbracht hat.

Immer wieder greift Rowling Namen, Ideen und Informationen auf, die sie in der Geschichte, der Literaturgeschichte oder aber in ihrer unmittelbaren Umgebung findet.

So berichtet die Journalistin Ann Treneman, dass Rowling einmal bei einem Fototermin im Botanischen Garten von Edinburgh ganz hingerissen gewesen sei, als sie plötzlich auf einem Schild den Namen der Pflanze „Bogbean" (Sumpfbohne) gelesen habe.[4] Dieses Wort wird zwar in „Harry Potter" (noch!) nicht verwendet, deutet aber auf „Bertie Botts Bohnen in allen Geschmacksrichtungen" hin (z.B. in Bd. 1, S. 112; engl. „Bertie Bott's Every-Flavour Beans").

Diese Bohnen musste sich die Autorin nicht ausdenken. Ein amerikanischer

Lebensmittelkonzern vertreibt, wenn auch unter dem Namen „Jelly Belly – Jelly Bean", tatsächlich Gelee-Bohnen in „more than 40 delicious flavours". Die Leckereien (mit genetisch verändertem Mais und genetisch verändertem Soja) werden in deutschen und natürlich auch in englischen und amerikanischen Lebensmittelmärkten angeboten.

mit dem Geschmack von Popel, Leber oder Spinat erwischen kann (Bd. 1, S. 115).

Ein Zusammenhang zwischen der Bedeutung eines Wortes und seiner Verwendung in „Harry Potter" kann aber nur gelegentlich und nicht immer angenommen werden. So grübelt auch Cornelia Rémi in „Viola Owlfeathers

Geleebohnen in vielen Geschmacksrichtungen (Jelly Belly)

Da die Geschmäcker bekanntlich verschieden sind, genießt man in der Welt der Muggels diese Geleebohnen mit dem Geschmack von Blaubeere, Kaugummi, Popcorn, Zuckerwatte, Lakritze oder Tutti Frutti, während man bei Joanne K. Rowling schon mal eine

Harry-Potter-Kiste" darüber nach, was denn Schulleiter Dumbledore mit einer Hummel zu tun haben könnte. Dass er vielleicht gerne einmal ein Liedchen vor sich hin summt und brummt, ist natürlich reine Spekulation.[5] Anders ist es bei Dumbledores Vornamen

„Albus". Das Wort kommt aus dem Lateinischen und bedeutet weiß, hell, leuchtend. Cornelia Rémi erläutert dazu, dass er „die hellen, guten Mächte, die sich der schwarzen Magie Voldemorts widersetzen" verkörpert.[6] Eine Anspielung auf Dumbledores weißes Haar und seinen langen weißen Bart kann jedoch auch nicht ausgeschlossen werden (Bd. 1, S. 114).

Direkt auf die Geschichte greift Rowling mit der Verwendung des Namens Nicolas Flamel zurück. In Harry Potters Welt ist er ein Alchimist, der mit Dumbledore zusammengearbeitet und einst den von Voldemort so begehrten „Stein der Weisen" hergestellt hatte (Bd. 1, S. 239). Aber Nicolas Flamel ist auch eine historisch belegte Person. Er gilt als einer der bedeutendsten Alchimisten des Mittelalters und soll zwischen 1330 und 1418 gelebt haben.[7] Eine Variante dieser Alchimisten-Geschichte hat zuletzt Reiner M. Schröder in seinem Jugendbuch „Das geheime Wissen des Alchimisten" verarbeitet. Auch hier geht es um den „sagenhaften Stein der Weisen".[8]

Der Kampf um die Muggels

Joanne K. Rowling habe, so schrieb Ann Treneman in der Times, den Namen „Potter" von den Kindern „gestohlen", die während ihrer Kindheit in Winterbourne nur ein paar Häuser weiter gewohnt hatten. Sie habe diesen Namen gestohlen, so wie sie viele andere Wörter gestohlen hat, denn sie sei eine „Wörter-Elster".[9]

War dieser Vorwurf hier scherzhaft gemeint (wobei fraglich ist, ob Joanne Rowling darüber lachen konnte), so ist der von der amerikanischen Autorin Nancy Stouffer erhobene Vorwurf, sie habe das Wort „Muggel" (engl. Muggle) und einige andere gestohlen, nicht mehr lustig.

Muggel wird von Rowling als Bezeichnung für „normale", nicht magische Menschen verwendet. Stouffer beruft sich darauf, dass sie selbst 1984 ein Buch mit dem Titel „The Legend of Rah and the Muggles" veröffentlicht habe und den Begriff 1986 als Warenzeichen schützen ließ.[10] In der Verwendung des Wortes durch Rowling sieht die amerikanische Autorin eine Verletzung ihrer Urheberrechte. Zudem seien weitere Rückgriffe Rowlings auf das Werk Stouffers nachweisbar.

Nancy Stouffer	J. K. Rowling
Muggles	Muggles
Larry Potter	Harry Potter
Lilly Potter	Lily Potter

Sie hat deshalb bei einem Gericht in New York Klage gegen Rowling, Time Warner, Scholastic und einige Firmen, die Merchandising-Produkte zu „Harry

Potter" herstellen, eingereicht. Der Wortlaut der Klage kann im Internet unter der Internetadresse *www.realmuggles.com* eingesehen werden.

Hier findet man auch einen Auszug aus dem Formular, mit dem der Scholastic Verlag für „Harry Potter and the Sorcerer's Stone" das amerikanische Copyright bei der Library of Congress beantragt hatte. Stouffer möchte damit das Argument widerlegen, Rowling habe als Engländerin amerikanische Bücher sicher nicht gekannt. Das Formular enthält nämlich den Hinweis, dass Rowling amerikanische Staatsbürgerin ist,[11] und als Amerikanerin hätte sie sicher auch Zugang zu amerikanischen Büchern.

Natürlich weisen Rowling und ihre Interessenvertreter den Vorwurf des Plagiats (Diebstahl geistigen Eigentums) als unbegründet zurück.[12] Für eine Bewertung dieses zweifellos komplizierten Vorgangs muss nun auf den Ausgang des Prozesses gewartet werden.

Interessant ist die Frage, ob es sich denn bei dem Wort „Muggels" überhaupt um ein erfundenes oder um ein gefundenes Wort handelt. Naheliegend ist

eine Verbindung mit „mug", was eine ganz normale große Tasse ist. Die Internationale Jugendbibliothek hat hierzu extra eine Liste mit Auszügen aus Diskussionen im Internet erstellt. Daraus kann man entnehmen, dass „muggle" seit den Zeiten der Wikinger in Schottland verwendet wird. Es wird von dem altnorwegischen Wort „mugga" abgeleitet – und das bedeutet „Nieselregen". „Vielleicht hat Nieselregen Harry Potters Erfinderin in ein Café in Edinburgh getrieben, wo sie dann, nass bis auf die Haut, eine wiederbelebende und inspirierende Tasse Kaffee getrunken hat."[13]

FANTASY UND FANTASTISCHE KINDERLITERATUR

Märchen, Roman oder was?

Für Leserinnen und Leser ist es gelegentlich hilfreich, wenn sie wissen, was sie eigentlich lesen. Wer z.B. weiß, dass er ein Märchen liest, kann manches literarische Ereignis besser verstehen und einordnen.

Bei „Harry Potter" stellt sich nun die Frage, ob es sich um ein Märchen, eine Fantasy-Erzählung, einen Roman, einen Märchenroman oder gar einen Entwicklungsroman handelt. Alle diese Begriffe wurden von Rezensenten, die Rowlings Bücher in der Presse besprochen haben, schon verwendet. Am häufigsten werden Rowlings Bücher allerdings als Fantasy oder als fantastische Literatur bezeichnet. Aber auch, wenn man sich nur auf diese beiden Begriffe beschränkt, ist die Zuordnung zur passenden literarischen Gattung nicht ganz einfach.

Der Literaturwissenschaftler Reinbert Tabbert bestätigt, dass die besonderen Merkmale fantastischer Erzählungen sowohl im Allgemeinen als auch in der fantastischen Kinderliteratur höchst umstritten sind.[14] Als wesentliches Merkmal

wird Folgendes angesehen: Die anerkannten Gesetze der Logik gelten in der fantastischen Literatur nicht mehr. Das trifft zweifellos auf „Harry Potter" zu.

Fantastische Literatur

Eine weiteres Kennzeichen fantastischer Literatur ist die Existenz von zwei verschiedenen Welten, die neben- oder hintereinander existieren. Meißner spricht in diesem Zusammenhang von der Gegenüberstellung „zweier unterschiedlicher Realitätsebenen. [...] Einer mit den Gesetzmäßigkeiten des logisch-empirischen Denkens übereinstimmenden fiktionalen Wirklichkeit wird eine davon abweichende, mit rationalen Mitteln nicht mehr erklärbare Handlungsebene entgegengestellt."[15] Auch hier ist leicht zu erkennen, dass sich Joanne K. Rowling offenbar an Vorbildern der fantastischen Literatur bzw. Kinderliteratur orientiert hat. Hieran erkennt man einen der Unterschiede zum Märchen. Das Märchen, eine verwandte Literaturgattung, muss mit nur einer einzigen Welt auskommen. Und da es nur eine Märchenwelt gibt, wundert sich hier auch niemand über Ereignisse, die uns unerklärlich sind.

Deutsche Briefmarke zum Märchen „Rotkäppchen"

Dass etwa der Jäger dem bösen Wolf mit einer großen Schere den Bauch aufschneidet, um das Rotkäppchen und seine Großmutter zu befreien, ist „ganz normal". Am Schluss „waren alle drei vergnügt; der Jäger zog dem Wolf den Pelz ab und ging damit heim. Die Großmutter aß den Kuchen und trank den Wein, den Rotkäppchen gebracht hatte, und erholte sich wieder."[16]

Die sekundäre oder fantastische Welt in der fantastischen Literatur hat jedoch, obwohl sie teilweise äußerst kreativ ausgestaltet wurde, nichts Willkürliches. Sie ist durch Gesetzmäßigkeiten und Grenzen bestimmt.[17] Rowling hat für die Einhaltung bestimmter Regeln und Grenzen in ihrer Welt der Zauberer und Hexen gleich ein ganzes Zaubereiministerium eingerichtet – eine Behörde mit all ihren bürokratischen Mängeln. Und natürlich hat Hogwarts seine Regeln, an die sich auch Harry Potter und seine Freunde halten müssen bzw. müssten. Dass die Einhaltung von Regeln nicht immer gelingt, ist eine andere Sache. Man denke nur daran, dass Harry in Band 3 (S. 33 f.), obwohl Zaubern

in der Welt der Muggel streng verboten ist, Tante Magda an die Decke zaubert.

In den fantastischen Welten gibt es die unterschiedlichsten fantastischen bzw. magischen Personen, Wesen und Gegenstände. Man findet kaum Gegenstände oder Wesen, „die nicht ins Imaginäre verwandelt werden können. So begegnen uns denn auch einerseits bekannte Gestalten wie Gespenster, Geister, Hexen, Zauberer, Wichtelmänner, Riesen usw. Andererseits erscheinen auf der imaginären Ebene merkwürdige Tiere, völlig frei erfundene Fantasiegestalten, aber auch scheinbar vertraute Gegenstände, die plötzlich fantastische Fähigkeiten besitzen: Autos, Tassen, Telefonhörer, Steine, Taschen, ja sogar Kopierautomaten."[18] Auch dieses Merkmal trifft auf die magische Welt Harry Potters zu. Hier finden wir fliegende Autos, Eulen, die Briefe transportieren, Riesen, Drachen ... Eine vollständige Liste hätte sicher die Länge von Dudleys Zunge, nachdem er eines der von Fred und George Weasley erfundenen „Würgzungen-Toffees" gegessen hat (Bd. 4, S. 54).

Briefmarkenserie der Isle of Man mit Figuren, die auch zum „Personal" der fantastischen Kinderliteratur gehören

Fantastische Literatur ist nicht nur durch die hier auftauchenden zwei Welten, durch ihr „Personal" oder durch ihre magische Ausstattung gekennzeichnet. Sie setzt sich in unterschiedlichster Form auch mit einem zentralen Thema auseinander, mit dem Kampf zwischen Gut und Böse.[19] Dieser Kampf steht ganz deutlich auch im Mittelpunkt der Bücher von Joanne K. Rowling. Er findet sich vor allem in den Auseinandersetzungen zwischen Harry Potter und Lord Voldemort, in denen es um Leben und Tod geht. Während der Kämpfe werden Harry und Voldemort jeweils durch ihre Freunde unterstützt.

Fantasy

Der Begriff Fantasy wird, was die Verwirrung erhöht, im Englischen anders verwendet als im Deutschen. Deutsche Literaturwissenschaftler haben sich darauf verständigt, dass es bei Fantasy „um jene Spielart nicht-realistischer Literatur geht, die ihre Stoffe aus Märchen, Sage und Mythos bezieht, mit Vorliebe eine unhistorische ritterliche Welt als Schauplatz nutzt und auf Drachen und zauberkräftige Schwerter nicht verzichten mag".[20] Die englische Literaturwissenschaft verwendet Fantasy überwiegend als Oberbegriff für die gesamte nicht-realistische Literatur. Was im Deutschen mit Fantasy gemeint ist, findet man bei den Engländern unter „Heroic Fantasy" und „Sword & Sorcery".[21] Mit „Heroic Fantasy" im Englischen bzw. Fantasy im Deutschen bezeichnet man „eine bestimmte Art von Geschichten, die sich nicht in der Welt, wie sie ist, war oder sein wird, abspielen, sondern in der Welt, wie sie sein sollte, um eine gute Geschichte abzugeben. [...] Es sind phantastische Abenteuergeschichten, die sich in imaginären prähistorischen oder mittelalterlichen Welten abspielen, als alle Männer stark, alle Frauen schön, alle Probleme einfach waren und die Welt ein einziges Abenteuer war."[22]

LEXIKON
LEXIKON IMPRINT VERLAG

Marcel Feige

Fantasy-Lexikon

Xena, Conan, Artus & der kleine Hobbit -
Mythen, Legenden und Sagen der Fantasy.

*Titelbild zu: **Marcel Feige: Fantasy-Lexikon.***

© bei Lexikon Imprint Verlag, Berlin 1999

Dargestellt werden meist Abenteuer in einer pseudo-realistisch und pseudo-historisch gestalteten Gegenwelt. Das große Vorbild, an dem sich fast alle Fantasyautoren orientieren, ist der englische Sprachwissenschaftler John Ronald Reuel Tolkien, der in seinen Werken „Der kleine Hobbit" und „Der Herr der Ringe" pseudo-realistische Welten entworfen und sogar mit Landkarten ausgestattet hat. „Bei ihm ist nicht nur von fiktiven Sagen und Liedern die Rede, er entwirft umfassende pseudohistorische Darstellungen vom Entstehen und Vergehen von Reichen. Als Philologe hat er zudem eine eigenständige ‚Elbensprache' erfunden, die zusätzlich zur Legitimation seiner imaginären Welt beiträgt."[23]

Ein Beispiel für Fantasy in der Erwachsenenliteratur ist Marion Zimmer Bradleys Roman „Die Nebel von Avalon" (1982). In der deutschsprachigen Kinder- und Jugendliteratur galten lange Zeit vor allem Wolfgang Hohlbein und Ralf Isau als wichtigste Autoren für Fantasy.

Im folgenden Kapitel soll gezeigt werden, welche literarischen Beziehungen zwischen Tolkien und Rowling bestehen. Allerdings hat Joanne Rowling offensichtlich keinen Wert auf eine magische Welt gelegt, die als historisch oder realistisch empfunden werden könnte.

„Harry Potter" – ein Beispiel fantastischer Kinder- und Jugendliteratur

Orientiert man sich an den hier zusammengestellten Hinweisen zur fantastischen Literatur bzw. zur Fantasy, wird deutlich, dass „Harry Potter" überwiegend ein Beispiel fantastischer Kinder- und Jugendliteratur ist. Aber man findet in den „Harry Potter"-Bänden immer wieder auch Überschneidungen; z.B., wenn die Autorin in Band 4 teilweise die Grenze zur Horror-Literatur überschreitet.

Natürlich muss dieser knappe Versuch, den Platz „Harry Potters" zwischen den verschiedenen literarischen Gattungen zu bestimmen, als oberflächlich angesehen werden. Wer sich näher mit dieser Thematik auseinandersetzen möchte, sollte sich daher mit der angegebenen Sekundärliteratur auseinandersetzen.

Auf die sehr spezielle Diskussion, ob es sich denn nun bei „Harry Potter" überhaupt um Kinderliteratur oder um Jugendliteratur oder gar um Literatur für Erwachsene handelt, konnte hier nicht eingegangen werden. Bemerkenswert ist auf jeden Fall, dass die Bände in England und Deutschland auch in einer Erwachsenen-Ausgabe vorliegen und zum Verkauf angeboten werden. Zur Zeit (Dez. 2000) kann man beim Carlsen Verlag Hamburg schon den ersten und den zweiten „Harry Potter"-Band in einer „Luxusausstattung" erwerben. Sie kostet jeweils im Gegensatz zu den bisher erschienenen Bänden nicht 28,– DM, sondern 39,90 DM. Die Bände sind mit einem Fotocover versehen und in Leinen gebunden. Der Inhalt und die Papierqualität ist allerdings identisch zu den ursprünglich erschienenen Bänden.

ROWLINGS FANTASTISCHE VORBILDER

Literarisches Recycling?

Bei „Harry Potter" von „literarischem Recycling" zu sprechen, wie es Reinhardt Stumm im Tagesanzeiger[24] tut, ist vielleicht doch etwas übertrieben. Nicht ungewöhnlich ist allerdings, dass Autorinnen und Autoren fantastischer Literatur eher als bei realistischer Literatur auf einen „tradierten Fundus" zurückgreifen. Dieser Fundus besteht in der Regel aus Mythen, Märchen und aus Werken der „klassisch" anerkannten fantastischen Literatur.[25]

Einige der Vorbilder, auf die – mal mehr, mal weniger deutlich – Joanne K. Rowling zurückgreift, sollen hier kurz vorgestellt werden. Die Auswahl orientiert sich dabei zunächst an den in zahlreichen Zeitungs- und Zeitschriftenartikeln[26] verbreiteten Hinweisen, die sich z.T. auf Rowlings eigene Aussagen stützen:

• J. R. R. Tolkien
• Lewis Carroll
• C. S. Lewis

Hingewiesen werden soll aber auch auf zwei Autorinnen, deren Werk bisher noch nicht in Zusammenhang mit Rowlings „Harry Potter" gesehen wurde:

• Jill Murphy
• Eva Ibbotson

Beides sind Autorinnen, deren Kinderbücher Joanne K. Rowling gekannt haben könnte.

J. R. R. Tolkien

Tolkien ist bereits als Fantasy-Autor vorgestellt worden. Er gilt als der Fantasy-Autor, dem alle späteren Autoren dieses Genres verpflichtet sind. In seinem Kinderbuch „Der kleine Hobbit" (engl. „The Hobbit", 1937) und später in seiner für ein erwachsenes Publikum gedachten 3-bändigen Fortsetzung „Der Herr der Ringe" (engl. „The Lord of the Rings", 1954/55) schuf er die märchenhafte Welt Mittelerde.

J.R.R. Tolkien

„Bis ins Detail hat der Autor die Darstellung der Landschaft, Fauna, Zeitstufen und Mondphasen geplant, um eine ‚zweite Welt' zu schaffen, die in sich schlüssig ist."[27]

Auch Tolkiens Fantasy-Welt enthält die Elemente der keltischen, germanischen und altenglischen Mythologie. Sie ist von Hobbits (menschenähnlichen kleinen Wesen mit Pelzfüßen), Zwergen, Elfen, Zauberern, Trollen, Drachen, Wölfen und Riesenspinnen bevölkert. In diesem durchaus gefährlichen Umfeld muss sich der Hobbit Bilbo bewähren. Zusammen mit dem Zauberer Gandalf und zwölf Zwergen will er dem Drachen Smaug einen gestohlenen Schatz abnehmen.

Rowling hat, so betont sie in einem Interview, Tolkiens Bücher gelesen.[28] Wie weit sie davon beeinflusst ist, lässt sich im Moment vielleicht noch nicht ganz erkennen, da ihr Werk noch nicht vollständig vorliegt. Immerhin gibt es Hinweise darauf, dass sie „ihre Welt" ebenfalls sehr genau geplant hat. Immer scheint durch, dass sie eine grundlegende Geschichte von Hogwarts entworfen hat. Sie selbst sieht aber, abgesehen von Drachen, Zauberstäben und Zauberern keine großen Parallelen zu Tolkien. Er „hat eine ganze Mythologie entwickelt. Niemand kann behaupten, dass ich das auch getan habe."[29]

Im Gegensatz zu Tolkien hat Rowling auch keine eigene Sprache für ihre Zauberwelt entwickelt. Dennoch sind im Spaß beim Umgang mit der Sprache, im Umgang mit ungewöhnlichen Wörtern durchaus Parallelen zu sehen. In der Auseinandersetzung mit den Riesenspinnen, denen sich Bilbo ebenso stellen muss wie Harry Potter (in Bd. 2, S. 285 ff.; in Bd. 4, S. 660 ff.), ist ebenfalls eine Parallele zu sehen.

Lewis Carroll

Carrolls Kinderbücher „Alice im Wunderland" (engl. „Alice's Adventures in Wonderland", 1865) und „Alice hinter den Spiegeln" (engl. „Through the Looking-Glass and What Alice Found There", 1872) haben der fantastischen Kinderliteratur zum Durchbruch verholfen und eine Tradition begründet, in der auch Joanne K. Rowling steht.[30] Sucht man nach direkten Verbindungen zwischen beiden, so sind diese wohl am ehesten im kreativen Umgang mit der Sprache und auch in ihrem Ideenreichtum zu

sehen. Bei Tolkien findet man diesen subtilen, gelegentlich schwarzen Humor dagegen nicht. In dessen Welt geht es ernsthafter zu.

13p
Alice's Adventures in Wonderland
The Year of the Child

Englische Briefmarken zu
L. Carrolls „Alice im Wunderland"

Beispiele für Rowlings Humor lassen sich in jedem „Harry Potter"-Band finden. Allerdings kann dieser Humor, das weiß auch die Autorin, nicht problemlos in allen Kulturkreisen verstanden werden.[31]

Man muss schon wissen, dass früher alle Häuser und Wohnungen in Großbritannien offene Kamine hatten, die

später zugemauert werden mussten. Heute sorgt vielfach eine elektrisch beleuchtete Attrappe für eine mehr oder weniger angenehme Stimmung. Wer diese britische „Kamintradition" nicht kennt, kann sich eine bestimmte Szene in Band 4 nicht recht vorstellen. Hier dringt lautes Klopfen und Kratzen aus dem mit Brettern vernagelten Kamin, „an dessen Frontseite sie ein Feuerimitat angebracht hatten ..." (S. 47 f.).

Lewis Carroll hat mit dem „Kaninchenloch" in „Alice im Wunderland" und dem „Spiegel" in „Alice hinter den Spiegeln" aber auch Möglichkeiten einer Verbindung zwischen realen und fantastischen Welten aufgezeigt. Heute gelten diese Verbindungen als wichtige Merkmale fantastischer Kinderliteratur. Dieses Modell wurde von vielen anderen Autoren übernommen und abgewandelt. Rowling schickt ihre Helden nicht in ein Kaninchenloch, um von ihrer realen in die fantastische Welt zu kommen. Für Harry Potter ist der Übergang am Londoner Bahnhof King's Cross am Gleis neundreiviertel möglich.

Auch das in vielen Märchen und bei Lewis Carroll auftauchende Motiv des Spiegels wird von Rowling aufgegriffen. Im ersten Band von „Harry Potter" ist es der Zauberspiegel „Nerhegeb" (eine Umstellung von Buchstaben des Wortes „Begehren"), der wichtige

Erkenntnismöglichkeiten bietet
(S. 212–234) und zugleich auf
Carrolls Wortspielereien hindeutet.

*Titel und Widmung der handschriftlichen Urausgabe
von „Alice im Wunderland", die Lewis Carroll 1864
dem Mädchen Alice Liddell geschenkt hatte[32]*

Beziehungen zwischen Rowling und
Carroll zeigen sich auch bei einem
geschickt in die Handlung integrierten
Spiel. Harry und seine Freunde stehen
nämlich plötzlich am Rande eines
riesigen Schachbretts mit riesigen
weißen und schwarzen Schachfiguren.
Diese Schachfiguren sind lebendig und

bereiten einige Probleme (Bd. 1, S. 305 f.). Sie sind auch auf dem Titelbild von „Harry Potter und der Stein der Weisen" (Carlsen, 1999) von der Illustratorin Sabine Wilharm gezeichnet worden.

Alice stößt im Spiegelland ebenfalls auf Schachfiguren. „Hier ist nicht so ordentlich aufgeräumt wie drüben, dachte sich Alice, denn in der Asche vor dem Kamin bemerkte sie einige ihrer Schachfiguren." Auch diese Figuren sind lebendig.

Zu den „dreizehn Kostbarkeiten Britanniens", die der große Zauberer Merlin in der Welt des König Artus verwahrt hat, gehörten übrigens ebenfalls Schachfiguren, die sich bewegen und von allein gegeneinander spielen konnten.[33]

Lebendige Schachfiguren in
„Alice hinter den Spiegeln"

(aus Lewis Carroll: Alice hinter den Spiegeln.
Illustrationen v. John Tenniel. Koloriert v. Harry Theaker
und Diz Wallis. Deutsche Ausgabe © 1999 Gerstenberg Verlag)

C.S. Lewis

Als einer der wichtigsten Vertreter der fantastischen Kinderliteratur wird Clive Staples Lewis angesehen. Sein bekanntestes Werk für Kinder besteht aus den „Chroniken von Narnia" (engl. „The Chronicles of Narnia", 1950–1956) und ist, wie „Harry Potter", ebenfalls auf sieben Bände angelegt.

Lewis, der von Joanne K. Rowling sehr geschätzt wird,[34] wollte mit seiner „Chronik" die christliche Heilsgeschichte für Kinder neu darstellen. Dabei wird der Löwe Aslan zur Heilsgestalt. Als zentraler Band gilt „The Lion, the Witch and the Wardrobe" (deutsch „Der König von Narnia"). In diesem Band entdecken die vier Geschwister beim Spielen einen Wandschrank, der die Verbindung zwischen realer und fantastischer Welt herstellt.

Englische Briefmarke zu C.S. Lewis „The Lion, the Witch and the Wardrobe"

Direkte Beziehungen zwischen den Werken von Lewis und Rowling lassen sich nur schwer erkennen. C.S. Lewis hat aber die Tradition geprägt, in der „Harry Potter" als Kämpfer gegen das Böse in der Welt zu sehen ist.

Jill Murphy

Diese englische Autorin ist bei uns vor allem mit Bilderbüchern hervorgetreten. Weniger bekannt ist noch, dass sie eine ganze Reihe von Erzählungen für Kinder geschrieben hat, die in der Welt der Hexen spielen.

In „The Worst Witch" (engl. 1974) gestaltet sie das aufregende Leben in einer Zauberschule für Hexen. Diese Schule ist, wie bei „Harry Potter", ebenfalls in einem alten Schloss

Buchumschlag zu Jill Murphy „The Worst Witch"

untergebracht. Schülerinnen und Lehrkräfte reiten selbstverständlich auf Besen. Es gibt Freundschaften, Feindschaften und den täglichen Ärger. Zudem müssen die Pläne einer Gruppe von bösen Hexen vereitelt werden, die damit drohen, die ganze Schule zu übernehmen.

Heldin der Geschichte ist Mildred Hubble. Sie wird als die „schlimmste Hexe" bezeichnet, da sie meistens Pech hat und alles, was sie macht, schief geht. Angeblich kann sie nicht mal auf ihrem Besen reiten, ohne einen Unfall zu verursachen. Ganz aus Versehen verwandelt sie dann auch mit einem Zauberspruch, den sie sich nicht richtig gemerkt hatte, eine Mitschülerin in ein Schwein. Diesen Schweinezauber gibt es ja auch bei „Harry Potter". Hier will Hagrid den dicken Dudley Dursley in ein Schwein verwandeln. Das klappt nicht ganz und Dudley kommt mit einem Schweineschwänzchen davon, der später in einem Krankenhaus wieder wegoperiert werden muss (Bd. 1, S. 68, 101).

Jill Murphys Geschichte liest sich, obwohl sie sich sprachlich und vom Aufbau her an jüngere Leserinnen und Leser richtet, streckenweise wie die Übertragung des „Harry Potter"-Modells auf ein Hexeninternat. Allerdings ist Murphys „The Worst Witch" bereits 1974 erschienen – damals war Joanne Rowling gerade

neun Jahre alt. Ihr hätte dieses Buch sicherlich gefallen.

Ein direkter Einfluss soll hier nicht behauptet werden, einige Parallelen sind jedoch sehr deutlich.

Eva Ibbotson

Ebenfalls mit mehreren Hexenbüchern ist Eva Ibbotson hervorgetreten. Sie ist in Wien geboren, wanderte aber 1933 nach Großbritannien aus. Ibbotson gilt im Erwachsenenbereich als Bestsellerautorin. Vor allem ihr Buch „Die Morgengabe" hat sehr schnell die Bestsellerlisten erreicht.

Bucheinband zu „Das Geheimnis von Bahnsteig 13"

Eva Ibbotson: Das Geheimnis von Bahnsteig 13.
© Cecilie Dressler Verlag (Hamburg, 1999)

Ihr Kinderroman „Das Geheimnis von Bahnsteig 13" erschien 1999, die englische Originalausgabe wurde allerdings schon 1994 – also vor „Harry Potter" – bei Pan Macmillan Children's Books unter dem Titel „The Secret of Platform 13" veröffentlicht. Es ist anzunehmen, dass Joanne K. Rowling dieses Buch gekannt hat, zumal es mit einem Platz auf der Auswahlliste des „Smarties Award" ausgezeichnet worden war und damit eine gewisse Popularität erreicht hatte.

Wie bei den Büchern um „Harry Potter" bietet auch Ibbotson in ihrem fantastischen Kinderroman auf dem Londoner Bahnhof King's Cross einen geheimen Zugang zu einer magischen Welt. Diese Welt befindet sich auf einer durch dichten Nebel unsichtbar gemachten Insel im Meer. In ihr wimmelt es nur so von merkwürdigen Gestalten. Eine Verbindung zwischen der unsichtbaren Insel und der realen Welt ist aber nur alle neun Jahre möglich.

Bei einer dieser seltenen Gelegenheiten kommt es zu einem folgenschweren Unglück. Die Kindermädchen, die mit dem von ihnen behüteten kleinen Prinzen der Insel einen verbotenen Ausflug nach London gemacht hatten, passen nicht richtig auf und ermöglichen so, dass ihr Schützling von einer kinderlosen Frau entführt wird. Rechtzeitig zum nächsten Termin werden vier Retter nach London geschickt, unter ihnen die junge Hexe Lex Gribble.

Der Versuch, den Prinzen zurückzuholen, gestaltet sich äußerst schwierig. Die Retter ahnen nicht, dass Raymond, das Kind, dem sie nachspüren und das sie auf die Insel zurückbringen wollen, gar nicht der richtige Prinz ist. Die damalige Entführerin hatte nämlich doch noch ein eigenes, äußerst unsympathisch dargestelltes Kind bekommen. Das geraubte Kind hatte sie unter dem Namen Ben zu einer armen alten Kinderfrau abgeschoben. Raymond wird schließlich durch eine magische „Mobile Eingreiftruppe" auf die Insel gebracht. Aber auch Ben folgt der netten Hexe Lex auf die Insel. Bei der ersten Begegnung erkennt der echte Prinz natürlich seine königlichen Eltern – und umgekehrt.

Die Parallelen zwischen Ibbotsons Buch und „Harry Potter" sind mehr als deutlich: der Londoner Bahnhof King's Cross, der zwar nicht am Bahnsteig neundreiviertel, aber doch am Bahnsteig 13 den Übergang zur magischen Welt ermöglicht, und ein Held, der wie bei Rowling ohne seine Eltern bei einer sehr negativ dargestellten Pflegefamilie aufwächst. Der „echte" Sohn dieser Familie, Raymond Trottle, wird als fetter, egoistischer Junge geschildert, der von seinen Eltern maßlos verwöhnt wird. Das erinnert deutlich an Dudley Dursley. Als Retter treten

Personen den Weg nach London an, von denen die junge Hexe Lex Gribble an Hermine und der Riese Hans an Hagrid erinnert. Auch sprachlich übrigens. Ein Satz wie „… ich zieh ihm ein' über, steck 'n in' Sack und dann ab durch 'n Gügel" könnte tatsächlich auch von Rowlings Riesen Hagrid stammen. Und schließlich gibt es noch einen weisen Zauberer mit dem Namen Cornelius. Rowlings Zaubereiminister Cornelius Fudge werden bei diesem Namen die Ohren klingen.

Literarische Beziehungen

Diese Hinweise auf literarische Vorbilder, die nachweislich oder auch nur vermutlich die Autorin Joanne K. Rowling beeinflusst haben, sind sicher nicht vollständig. Sie sollten vor allem deutlich machen, dass auch „Harry Potter" in einer literarischen Tradition steht. Joanne K. Rowling hat Anregungen unterschiedlichster Art aufgegriffen. Sie hat sie kreativ und in origineller Weise mit eigenen Ideen verbunden und daraus ein unverwechselbares großartiges Werk geschaffen. Wie vor ihr andere Autorinnen und Autoren fantastischer Literatur hat auch sie auf einen „tradierten Fundus" zurückgegriffen, der neben fantastischer Kinder- und Jugendliteratur auch Mythen und Märchen enthält.[35] Speziell diesen literarischen Beziehungen ist das folgende Kapitel gewidmet.

MYTHEN, SAGEN UND GESCHICHTEN

Joanne K. Rowling hat bei der Gestaltung ihres Werkes nicht allein auf aktuelle oder ältere fantastische Kinder- und Jugendliteratur zurückgegriffen. Immer wieder stößt man auch auf Beziehungen zur antiken Mythologie, zu anglo-keltischen Sagen und zu eher volkstümlichen Geschichten. Auf einige dieser Verbindungen soll hier aufmerksam gemacht werden.

Die antike Mythologie

Eine Quelle, aus der die Autorin für ihr Werk Anregungen, Ideen, Themen, Motive, Personen und Lebewesen der unterschiedlichsten Art geschöpft hat, ist die antike Mythologie. Darunter versteht man vor allem die Götter- und Heldensagen aus der Vorzeit der Griechen und Römer. Diese sind uns z.T. durch das Werk antiker Dichter überliefert worden und haben die

Gedankenwelt des europäischen Mittelalters und die gesamte Kultur des späteren christlichen Abendlandes wesentlich beeinflusst. Da Joanne K. Rowling in Exeter Klassische Philologie, d.h. Altgriechisch und Latein, studiert hat, wird sie mit dieser Welt bestens vertraut sein.

Man muss nun nicht soweit gehen wie die amerikanische Wissenschaftlerin Elizabeth D. Schafer, die meint, Rowling könnte mit Hogwarts den Olymp dargestellt haben, den Sitz der altgriechischen Götter und Göttinnen.[36]

Göttervater Zeus – Vorbild für Albus Dumbledore?

Albus Dumbledore würde dann Göttervater Zeus sein, Minerva McGonagall sei Athene, Hagrid sei Poseidon, Professor Quirrell

sei Janus usw. Folgerichtig könnten dann die Flugversuche Harrys und seiner Freunde auf dem Besen mit den Flugversuchen von Daedalus und Ikarus verglichen werden. Und ein Quidditchspiel erinnert dann sogleich an den Trojanischen Krieg.[37]

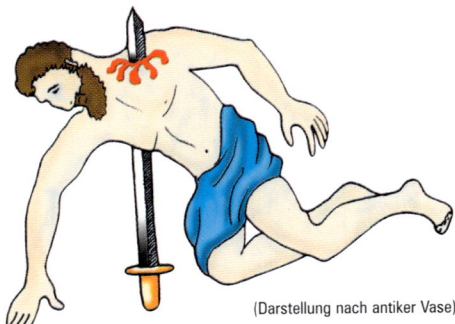

(Darstellung nach antiker Vase)

Ajax wurde nach Achills Tod im Trojanischen Krieg Achills Waffen verwehrt. Aus Schande darüber, stürzte Ajax sich in sein eigenes Schwert.

Unverkennbar ist jedoch, dass Rowling einige Namen verwendet, die ihren Ursprung in der antiken Mythologie haben. Auch für verschiedene „magische Geschöpfe" sind hier die Vorbilder zu finden. *Beispiele dafür sind:*

★ Fluffy ist ein riesiger dreiköpfiger Hund, der im ersten Band von „Harry Potter" den Zugang zum Stein der Weisen bewacht. Damit entspricht er dem Hund Zerberus, der in der griechischen Mythologie den Eingang zur Unterwelt bewacht. Auch Zerberus hat drei Köpfe. Und von Fluffy heißt es, Hagrid habe ihn einst „einem

Kerl aus Griechenland" abgekauft (Bd. 1, S. 210).

★ Minerva ist der Vorname von Prof. McGonagall. Die römische Göttin Minerva entspricht der griechischen Göttin Athene, die als Göttin der Weisheit und der Bildung gilt.

Die römische Göttin Minerva – Vorbild für Prof. McGonagall?

★ Hippogreif – der Name dieses „magischen Geschöpfes" aus Band 3, S. 121 ff. geht auf griechisch-lateinische Wörter zurück und verbindet Pferd und Adler. In der griechischen Sage taucht das Tier auch als „Pegasos" auf und ist Sinnbild für die dichterische Fantasie.

★ Zentauren, wie sie in Band 1, S. 276 ff. auftauchen, sind Mischwesen mit menschlichem Oberkörper und Pferdeleib. Wir finden diese an moderne Gen-Versuche erinnernden Lebewesen schon in der griechischen Mythologie, wo man sie in unwegsamen Gebirgsregionen vermutete. Ein vergleichbares Lebewesen ist der Minotaurus, ein Ungeheuer, das halb Mann, halb Stier ist und in Kreta sein Unwesen trieb.

★ Phoenix, dieser Wundervogel, der Haustier des Schulleiters Dumbledore ist, geht eigentlich auf eine altägyptische Sage zurück. Er geht im Alter in Flammen auf und wird aus der Asche wiedergeboren. Mit diesen Eigenschaften ist er zum Symbol der ewigen Erneuerung und zum christlichen Sinnbild der Auferstehung geworden. Im Band 2 von „Harry Potter" hilft er Harry beim Kampf gegen Voldemort (S. 328).

Griechische Götter beim Spiel – eine Szene, die sich auch in Hogwarts abgespielt haben könnte?

Anglo-keltische Sagen

Von grundlegender Bedeutung für „Harry Potter" sind die Sagen um den keltischen König Artus (Arthur), der um 500 n. Chr. erfolgreich gegen die eindringenden Sachsen kämpfte. Der Sage nach soll er in einer Schlacht gegen seinen bösen Neffen Mordred, der ihn – wie „Der große Brockhaus" weiß – „um Reich und Gattin betrog", schwer verwundet worden sein und sich auf die Zauberinsel Avalon zurückgezogen haben.[38]

Die Zauberinsel Avalon

Artus hat um sich herum eine ganze Reihe edler Ritter zu einer „Tafelrunde" versammelt. Sein Königshof wird Vorbild für das spätere Rittertum. Zwischen Artus und Harry Potter gibt es nun einige Ähnlichkeiten: Beide sollten als Kleinkind getötet werden, beide entdecken erst später ihre besondere

Die Zauberinsel Avalon
(aus: Kevin Crossley-Holland: Die Welt des König Artus. Illustriert v. Peter Malone. S. 112. © Verlag Freies Geistesleben & Urachhaus GmbH Stuttgart)

Herkunft und beide haben einen berühmten Zauberer als Helfer und Berater. Harry kann sich immer auf die Unterstützung Dumbledores verlassen. Für Artus hat der Zauberer und Wahrsager Merlin vergleichbare Bedeutung. Merlin soll der Sage nach aus der Verbindung eines Teufels mit einer Jungfrau entstanden sein[39]. Er gilt in der Zauberwelt von „Harry Potter" als größter Zauberer aller Zeiten und ist das große Vorbild.

Auf die Verbindung von Harrys Gegenspieler Lord Voldemort und Sir Mordred, der „als größter Schurke der Artuserzählungen" anzusehen ist, wird noch im Kapitel „Personen, Geister, Fabelwesen" hingewiesen.[40]

Auf die Sagen und Geschichten um Artus und Merlin haben immer wieder Autorinnen und Autoren zurückgegriffen. Beispiele dafür bietet die deutsche Literaturgeschichte z.B. mit Hartmann von Aue, dessen Epos „Erec" (1180/85) als erster deutscher Artus-Roman gilt. Mit „Iwein" (1200) hat er die Thematik erneut bearbeitet. In der gleichen Tradition stehen Gottfried von Strassburg mit seinem Epos „Tristan und Isolde" (1210) oder Wolfram von Eschenbach mit seinem „Parzival" (1200/1210). Aus der Gegenwart ist Marion Zimmer Bradleys Roman „Die Nebel von Avalon" (1982) zu nennen.

Der keltische Zauberer Merlin
(aus: Kevin Crossley-Holland: Die Welt des König Artus.
Illustriert v. Peter Malone. S. 27. © Verlag Freies
Geistesleben & Urachhaus GmbH Stuttgart)

Hier soll nun nicht auf die vielfältigen
Unterschiede der genannten Werke zu
Rowlings „Harry Potter" eingegangen
werden. Ein Hinweis aber sei erlaubt:
Rowling hat ein Jugendbuch geschrieben. Auf die Darstellung der verwi-
ckelten Ehe- und Liebesbeziehungen
der Artuswelt hat sie daher verzichtet.

Gespenstergeschichten

Joanne K. Rowling ist Engländerin.
Sie hat zeitweise in Wales gelebt und
wohnt nun in Schottland. Wer Bücher
über England, Wales oder Schottland
liest, weiß bald, dass es dort eine
Vielzahl von Schlössern, Burgen und
Herrensitzen gibt. Diese sind als
Wohnort bei Gespenstern der unter-

schiedlichsten Art äußerst be-
liebt. Daher tauchen diese Gespenster natürlich auch in den
entsprechenden Geschichten auf.

Lily Seafield erklärt speziell für
die schottische Volksliteratur,
dass sie oft von Feen, Riesen
und Ungeheuern erzählen. Wo
oder warum diese Geschichten
entstanden sind, könne oft nicht
mehr gesagt werden, aber sie
haben Erzähler und Zuhörer gleichermaßen lange Zeit und bis in
die Gegenwart unterhalten. Ge-
nauso verhalte es sich auch mit den
Hunderten von Geistern, von denen
behauptet wird, sie würden Schottland bevölkern.[41] Nach Seafield stößt
man überall in Schottland – und in
anderen Teilen Großbritanniens ist es
wohl ähnlich – auf Gespenstergeschichten. Das dargebotene Spektrum
reicht von verfluchten Sündern über
gequälte Seelen bis zu merkwürdigen
grünen und weißen Frauen.

Auch Rowling ist als Kind sicher
mit Geistergeschichten konfrontiert
worden – durch Bücher oder durch
Sagen und Erzählungen, die sie in ihrer
Umgebung gehört oder aufgeschnappt
hat. Sie kennt die britische Tradition
der volkstümlichen und der literarischen Gespenstergeschichte.

Ein bekanntes Beispiel ist „Das Gespenst von Canterville" (engl. „The

Canterville Ghost", 1887), das erste erzählerische Werk, mit dem Oscar Wilde an die Öffentlichkeit trat. Erzählt wird hier vom Geist Sir Simons, der seit Generationen in den Gemäuern von Schloss Canterville spukt. Jedoch ist der Geist letztlich nicht der Konfrontation mit den Kindern des neuen Besitzers, eines amerikanischen Gesandten in England, gewachsen. Das Buch gehört noch heute zum Lektürekanon von Schulen in Großbritannien.

C. Sampson: Ghosts of the Broads. © Jarrold Publishing. UK

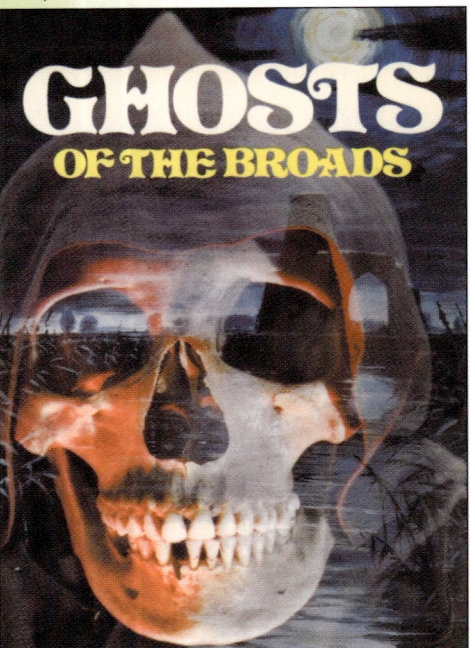

Titelbild des Buches „Ghosts of the Broads" mit Gespenstergeschichten aus einer gespenstischen Landschaft in der Nähe von Norwich

Joanne K. Rowlings „Harry Potter"-Geschichten mit den Dementoren, Dobby, dem Fast Kopflosen Nick, der im Mädchenklo wohnenden Maulenden Myrte und nicht zuletzt dem Poltergeist Peeves (der auch in der englischen Sprache als „Poltergeist" bezeichnet wird) fügen sich nahtlos in dieses Umfeld ein.

Joanne K. Rowling hat bekanntlich in Edinburgh u.a. bei Nicolsons an ihrem Werk „Harry Potter" gearbeitet. Gleich gegenüber liegt das Festival Theater, in dem es ebenfalls spukt:

Das Personal des Theaters behauptet jedenfalls, es habe hier öfters eine große dunkle, geheimnisvolle Gestalt gesehen. Angeblich soll es sich dabei um den Geist des „Großen Lafayette" handeln, eines Zauberers, der bei einem Feuer im Theater getötet wurde, als es noch als „The Empire" bekannt war.[42]

Der Wahrheitsgehalt dieser Geschichte entzieht sich natürlich jeglicher Überprüfung. Es ist jedoch eine schöne Vorstellung, dass Joanne K. Rowling an einem Fensterplatz bei Nicolsons über Geister schreibt, während es gegenüber im Theater gerade spukt.

THEMEN
UND
MOTIVE

THEMEN UND MOTIVE

Der Begriff „Thema" kommt aus dem Griechischen und bedeutet dort „das Gesetzte". In der Literaturwissenschaft versteht man darunter den Grundgedanken eines literarischen Werkes bzw. „das vom Autor verfolgte geistige Anliegen".[1]

Unter einem Motiv (vom lateinischen Wort „motivum", d.h. Antrieb, Beweggrund) wird ein literarisches Grundmuster oder eine Grundsituation verstanden. Es wird als bedeutsames, zentrales Element der Thematik eines literarischen Werkes angesehen.[2]

Beide Begriffe sind nicht immer klar voneinander zu trennen.

Das zentrale Thema der Bücher um den jungen Zauberer Harry Potter ist sicher der Kampf zwischen Gut und Böse, das sieht auch die Autorin so.[3] Ein in diesem Zusammenhang wichtiges Motiv ist das Duell der Zauberer, das nicht allein in Rowlings Büchern eine wichtige Rolle spielt, sondern in der Literatur immer wieder aufgegriffen wird.

Bei genauerer Betrachtung lassen sich weitere Themen ausmachen. So hat für einige Leserinnen und Leser aus dem Umfeld bestimmter christlicher Richtungen Rowlings Darstellung von Magie und Religion eine große Bedeutung – allerdings auch im negativen Sinne. Und auch die Themen Schule und Freundschaft kann man bei „Harry Potter" finden.

Als weitere Motive könnten „die feindlichen Brüder" genannt werden, denn das sind Harry und Dudley, auch wenn es sich hier nicht um „echte" Brüder handelt. Der Fantasy- und Horror-Autor Stephen King erkennt in „Harry Potter" das Aschenputtelmotiv und sagt: „Harry ist ein männliches Aschenputtel, das darauf wartet, dass jemand es zum Ball einlädt".[4]

Das Motiv des Außenseiters kommt sogar in mehreren Varianten vor. Bei aller Unterschiedlichkeit ist z.B. Harry ebenso als Außenseiter zu sehen wie die auf dem Mädchenklo wohnende Maulende Myrte. Und schließlich sind Zauberer und Hexen in der Welt der Muggel ohnehin Außenseiter.

Auch der Zauberspiegel, der bei „Harry Potter" (Band 1, S. 212–234) als Spiegel „Nerhegeb" vorkommt (engl. „Erised"), gehört zu den beliebten literarischen Motiven. Er taucht – mit unterschiedlicher Bedeutung – im Märchen von Schneewittchen ebenso auf wie in Lewis Carrolls „Alice hinter den

Spiegeln". Und selbst in einem griechischen Märchen gibt es einen „König, der hatte drei Söhne und einen Zauberspiegel, in dem er jeden Feind erblicken konnte, der in das Reich kam ..."[5]

Auf die ganze Vielfalt der von Rowling dargestellten Themen und der von ihr verwendeten Motive kann hier nicht eingegangen werden. In den folgenden Kapiteln wird nur auf eine kleine Auswahl hingewiesen.

Der Zauberspiegel –
ein häufig verwendetes Motiv

(aus: Literatur-Kartei zum Jugendbuch von
Joanne K. Rowling: „Harry Potter und der Stein der Weisen",
S. 63, Verlag an der Ruhr, 2000)

GUT UND BÖSE

Die Auseinandersetzung zwischen Gut und Böse wird als wesentliches Merkmal der fantastischen Literatur angesehen.[6] Dieses Thema lässt sich oft auf die Bibel zurückführen, die den Menschen immer wieder in seiner Gefährdung durch das Böse sieht. Aber auch in der religiösen und weltlichen Literatur anderer Kulturkreise findet man den Kampf zwischen Gut und Böse.[7]

Wie bereits im Kapitel „Rowlings fantastische Vorbilder" dargestellt, greift vor allem C. S. Lewis direkt und bewusst auf das biblisch-christliche Konzept zurück. Hier wird auch deutlich, dass sich der Mensch in der andauernden Auseinandersetzung mit dem Bösen göttlicher Hilfe sicher sein kann – auch dann, wenn er selbst kein „Heiliger" ist. Dafür steht nicht zuletzt Goethes Satz aus dem „Faust": „Wer immer strebend sich bemüht, den können wir erlösen."

Ähnlich wie in vielen anderen Beispielen der Erwachsenen- oder Kinder- und Jugendliteratur, wird auch bei „Harry Potter" schon durch die Charakterisierung der Kontrahenten deutlich gemacht, wer auf welcher Seite steht.

Das Waisenkind Harry Potter wird äußerst positiv dargestellt, auch wenn der junge Zauberer Schwächen hat und Fehler macht. Er ist zunächst der bedrohte Säugling, dann das ahnungslose Kind, das jedoch unter dem Schutz guter „Geister" steht. Ganz offensichtlich hat er eine Aufgabe zu erfüllen, die ihm durch die Umstände des Mordanschlags auf ihn quasi in die Wiege gelegt worden ist. Der Auseinandersetzung mit dem bösen Voldemort, der auch seine Eltern auf dem Gewissen hat, kann sich Harry nicht entziehen. Er kann sich nur darauf vorbereiten. Die Ausbildung dazu erhält er in Hogwarts.

Harrys Gegenspieler Voldemort wird von vornherein negativ und abstoßend dargestellt. Er ist ein Mörder, er versucht Anhänger um sich zu sammeln, die ebenfalls vor einem Mord nicht zurückschrecken. Voldemorts Stimme klingt, so heißt es in Band 4, „merkwürdig hoch und kalt wie ein jäher eisiger Windstoß" (S. 11). Schließlich wird er auch als „der schwarze Lord" bezeichnet.

Die negative Darstellung Voldemorts findet in Band 4 auf Seite 669 f. seinen vorläufigen Höhepunkt, wenn Harry ihn als „etwas Hässliches, Schleimiges und Blindes" sieht. Die grauenhafte Gestalt, in der Lord Voldemort hier präsentiert wird, ist letztlich ein nur wenig an Menschen erinnerndes Monster, selbst sein Gesicht „war flach und schlangengleich, mit rot schimmernden Augen."

Im evangelischen „Sonntagsblatt" zitiert Andreas Ebert den früheren Arbeitsminister und heutigen „Harry Potter"-Leser Norbert Blüm mit den Worten: „Wie im wirklichen Leben ist das Böse nur ‚Schatten und Dunst' und wird wirksam erst, wenn es in Menschen verkörpert ist. Um Unheil anzurichten, braucht Lord Voldemort andere, in deren Körper er schlüpfen kann".[8]

Allerdings reduziert Rowling ihre Figuren nicht allein auf das Schwarzweiß-Schema. Immer wieder differenziert sie. Immer wieder muss der Leser sein (Vor-)Urteil über einzelne Personen revidieren: Sirius Black ist gar nicht der Bösewicht, für den man ihn anfangs gehalten hat.

Umgekehrt ist im 4. Band auch Mad-Eye Moody eine Figur, die sich der eindeutigen Zuordnung entzieht.

Die zentrale Kraft, auf die sich Harry in der Auseinandersetzung mit dem Bösen stützen kann, ist die Liebe. Das ist in der Literatur nicht ungewöhnlich, man denke nur an Preußlers „Krabat". Hier wird Krabat durch die Liebe der Kantorka befreit und zugleich die Macht des bösen Zauberers gebrochen. Bei Harry ist es, jedenfalls bis Band 4, die Liebe seiner Mutter. „… wahrer Liebe hat das Böse nichts entgegenzusetzen. Die Liebe von Harrys Mutter ist stärker als Voldemort. Harry wird durch sie gerettet – bleibt aber dennoch zeitlebens ‚gezeichnet'. An dieser Stelle berührt sich Joanne Rowlings Ansatz zutiefst mit der christlichen Botschaft von der Hingabe des Einen, die Tod und Teufel entmachtet hat."[9]

DAS DUELL DER ZAUBERER

Ein wichtiges Motiv bei Rowling sowie allgemein in der fantastischen Literatur und in Märchen und Sagen ist „das Duell der Zauberer".

Bei „Harry Potter" wird das bevorstehende Duell durch das Quidditch-

Spiel vorbereitet. Hier erlernt und übt er wesentliche Techniken, die ihm später in der echten Auseinandersetzung mit Voldemort zugute kommen. Das eigentliche Duell taucht in Variationen immer wieder auf.

In Band 1 kommt es zunächst zwischen Harry und Malfoy zu einem „Duell um Mitternacht" (S. 158–179). Später stehen sich Harry und Voldemort in einem mal als Gruft, mal als Kerker bezeichneten Kellerraum von Hogwarts gegenüber. Voldemort möchte sich in den Besitz des hier aufbewahrten geheimnisvollen „Stein der Weisen" bringen und dadurch das ewige Leben haben. Harry will genau das verhindern. Aus einem wilden Zweikampf geht schließlich – nicht zuletzt durch das Eingreifen von Dumbledore – Harry als Sieger hervor.

In Band 2 findet ein vergleichbares Duell in der Kammer des Schreckens statt. Hier kann Harry mit Hilfe des von Dumbledore geschickten Sprechenden Hutes sogar ein Schwert ergreifen und damit zunächst die als „Basilisk" bezeichnete gefährliche Riesenschlange abwehren. Er wird dabei schwer verletzt, aber die heilenden Tränen des Phönix retten ihm das Leben.

Als Voldemort wieder im Vorteil zu sein scheint, sticht Harry den Giftzahn des Basilisken in ein unmittelbar mit dem Bösen verbundenes Tagebuch.

Der Phönix – ursprünglich ein auf orientalische Mythen zurückgehender Vogel – rettet Harry das Leben

Damit entzieht er Voldemort die Lebensgrundlage, ohne ihn allerdings zu töten oder für immer besiegt zu haben.

Einen Höhepunkt bildet das in Band 4 gestaltete Duell. Hier ist es Voldemort gelungen, Harry auf einem Friedhof zu einem Duell zu zwingen. Der Schwarze Lord hat sich zusätzlich die Unterstützung einer ganzen Gruppe von „Todessern" gesichert. Harry kämpft tapfer gegen einen eigentlich überlegenen Gegner. Seine Ausbildung in Hogwarts, sein professioneller

Umgang mit Zauberstab und Zaubersprüchen, seine Geschicklichkeit, ein bisschen Glück und die Hilfe der aus dem Jenseits kommenden Opfer Voldemorts versetzen ihn schließlich in die Lage, in diesem Duell zu siegen.

Das Motiv des Duells der Zauberer findet sich in abgewandelter Form auch in der internationalen Kinderliteratur bzw. Volksliteratur. Es taucht in Otfried Preußlers „Krabat" auf und auch in dem türkischen Märchen „Das Ali-Dschengiz-Spiel":

[…] Am folgenden Morgen wurde der Knabe ein Widder und seine Mutter führte ihn an einem Strick zum Padischah. Aber inzwischen hatte der [böse] Derwisch von der Sache erfahren. Er lauerte der Frau am Weg auf und hielt sie an. Er sagte: „Mütterchen, nimm dieses Geld und verkaufe mir den Widder dafür." Aber als der Derwisch nach dem Strick griff, da wurde der Jüngling zu einer Taube und flog schnell davon. Sofort wurde der Derwisch zu einem Falken und stürzte ihm nach, um ihn zu fassen. Die beiden kamen schließlich zum Palast des Padischah. Dieser sah gerade der Taube nach, da wurde diese zu einem Apfel und fiel dem Padischah in den Schoß. Der Falke aber wurde wieder zum Derwisch, der in den Palast kam und sagte: „Mein Padischah, dieser Apfel gehört mir!" Als ihm schließlich der Padischah den Apfel geben wollte, da wurde der Apfel in seiner Hand zur Hirse und verstreute sich auf der Erde. Und der Derwisch wurde zu einer Henne. Während diese anfing, die Körner aufzupicken, wurde die Hirse im gleichen Augenblick zu einem Marder, der auf die Henne lossprang und sie erwürgte. […]

Ausschnitt aus dem türkischen Märchen „Das Ali-Dschengiz-Spiel"[10]

MAGIE UND RELIGION

Magie als literarischer Hintergrund

Wo gezaubert wird, wo Hexen auf Besen reiten, wo Geister und Untote zur Halloween-Party laden und Tote aus dem Jenseits heraus helfen, aktuelle Probleme zu meistern, wo in die Zukunft und in die Vergangenheit geschaut wird – da ist Magie im Spiel. Hintergrund aller „Harry Potter"-Bände ist eine in bzw. hinter der realen Welt angesiedelte durch Magie geprägte Zauberwelt, in der Harry Potter, seine Freunde und die meisten seiner Feinde den Großteil ihrer Zeit verbringen.

Dazu erklärt Rowling in einem Interview: „Besonders in der Kinderliteratur war das Magische stets von zentraler Bedeutung. Das hat einen simplen Grund: Es verleiht Kindern Macht, die sie sonst nicht haben."[11]

Dieser zauber- und märchenhafte magische Hintergrund bleibt jedoch auf einer auch für Kinder erkennbaren Wunschebene angesiedelt. Sie wissen, dass die Realität anders ist. Dieser Hintergrund ist Anlass und Begründung für ein Feuerwerk kreativer, lustiger Einfälle. Er wird immer wieder ganz deutlich karikiert, wirft zugleich aber auch ein deutliches Licht auf die Welt der Realität.

Die „Harry Potter"-Bücher sind jedenfalls, nicht zuletzt durch ihren Humor, von aktueller Esoterik und einem ernst zu nehmenden Plädoyer für „Schwarze Magie" weit entfernt. Wer den alten Herren Dumbledore auf einen Besen setzt (Bd. 1), wer seinem Helden erlaubt, mal eben aus Wut Tante Magda an die Decke zu zaubern (Bd. 3), wer beschreibt, zu welchen kleinen Katastrophen die Verwendung des Transportmittels Flohpulver führen kann (Bd. 2 und Bd. 3), der nimmt Magie nicht ernst.

Religiöse „Harry Potter"-Gegner

Vielleicht ist es das, was manche Kritiker aus dem christlich-fundamentalistischen Lager so ärgert. Gelegentlich wird nämlich von ihnen unter Hinweis auf die Bibel behauptet, „dass Zauberer, Teufel und Dämonen existieren und sowohl real als auch mächtig und gefährlich sind (z.B. 5. Mose 18, Verse 9–13)."[12]

Im „Christlichen Medienmagazin" werden einige Bedenken aus dieser Richtung mit den folgenden Worten zusammengefasst: „Der gravierende Punkt ist [...] die Verharmlosung von okkulten Praktiken und okkulten Gegenständen. [...] Die Potter-Bände erwecken zu Unrecht den Eindruck, dass Zauberer und Geister nett und harmlos seien. Auch ist es gefährlich zu vermitteln, dass Magie in Ordnung sei, wenn sie mit einer intakten moralischen Einstellung geschieht."[13]

Erste Bedenken gegen die Art, wie Rowling mit dem Thema Magie in ihren Büchern umgeht, waren in den USA laut geworden. Massimo Introvigne fasste im Avvenire, der Zeitung der Italienischen Konferenz katholischer Bischöfe, diese Diskussion zusammen: Während der dritte Band von „Harry Potter" die Bestsellerlisten in einer Reihe verschiedener Länder anführe, werde von christlichen Fundamentalisten in den Vereinigten Staaten ein heftiger Kreuzzug gegen Joanne K. Rowlings Helden geführt. In Columbia, South Carolina und Marietta, in Metro Atlanta, Georgia, hätten fundamentalistische Eltern gar gefordert, „Harry Potter" aus öffentlichen Schulen zu verbannen. In Marietta seien die Bücher zeitweise zurückgehalten worden. Proteste gegen die Potter-Bücher habe es im Oktober 1999 auch in Staaten wie New York, Michigan, Minnesota und Kalifornien gegeben. Nordwestlich von Los Angeles hätten zwei Eltern ihren Sohn sogar bei einer anderen Schule angemeldet, als man ihrer Bitte, „Harry Potter zu verbieten", nicht nachgekommen sei.[14]

Entsprechende Reaktionen gab es – nur vereinzelt – auch in Großbritannien. Die Hamburger Morgenpost hatte in einem Artikel berichtet, dass die Direktorin der Grundschule St. Mary's Island bei Chatham (Kent) „Harry Potter"-Bücher auf den Index gesetzt habe, weil sie böse Geister und Magie verharmlosten. „Die Bibel ist sehr eindeutig, dass Zauberer, Teufel und Dämonen existieren und sehr real, mächtig und gefährlich sind, und dass Gottes Kinder nichts damit zu tun haben sollten", wurde die Direktorin zitiert.[15]

Inzwischen hat auch Deutschland sein erstes religiös motiviertes „Harry Potter"-Verbot. In der Gemeinde Münsingen-Rietheim auf der Schwäbischen Alb hatten zwei konservative Kirchengemeinderäte vor der Gefahr okkulter Praktiken gewarnt. Daraufhin waren Rowlings Bestseller zumindest vorläufig aus den Regalen der Gemeindebücherei genommen worden.[16]

Ähnliche Reaktionen zu Kinderbüchern, in denen Hexen, Zauberer und Gespenster ihr Unwesen treiben, hatte es in Deutschland auch schon früher gegeben. Selbst Otfried Preußler, der als einer der angesehensten deutschen Kinderbuchautoren gilt, war noch anno 1992 in die Schusslinie christlicher Eiferer geraten. Seinem bereits 1957 (!)

erschienenen Kinderbuch „Die kleine Hexe" wurde im mittelfränkischen Lehrberg ausgerechnet von einem Lehrer (!) vorgeworfen, Kinder könnten „unbewusst zu dem Eindruck kommen, dass Zauberei und Magie, die im Gegensatz zur Bibel stehen, Gutes tun können."[17]

Freunde im kirchlichen Lager

Die Ablehnung „Harry Potters" aus fundamentalistischen Kreisen darf allerdings nicht überbewertet werden. Viele offizielle Kirchenvertreter und Laien sehen das ganz anders.

So hatte auch eine Sprecherin der britischen Elternverbände zu den Ereignissen um St. Mary's Island gemeint: „Wenn sie einen ordentlichen Religionsunterricht haben und den Kindern beibringen, was sie über Religion wissen müssen, dann kann ich keine Gefährdung erkennen."

Und Massimo Introvigne argumentierte, dass Magie in Märchen die am häufigsten verwendete Metapher für Leben sei. Wer „Harry Potter" aus christlichen bzw. öffentlichen Schulen verbannen wolle, sollte auch Peter Pan, Cinderella oder Pinocchio verbieten. Und schließlich gewinne Harry in seinen Auseinandersetzungen mit dem Bösen nicht etwa, weil er der

bessere Zauberer sei. Vielmehr helfen ihm seine Intelligenz, sein Mut und seine großartige Menschlichkeit. Was seinen bösen Gegenspielern dagegen fehle, seien vor allem Menschlichkeit, menschliche Gefühle und grundlegende menschliche Werte – und das seien schließlich auch christliche Werte.

Zustimmung fand „Harry Potter" auch bei Nicholas Bury, dem Dekan der Kathedrale von Gloucester. Er stellte für die Filmaufnahmen zu „Harry Potter" ein paar historische Räumlichkeiten zur Verfügung, die für einige Szenen in die Schule von Hogwarts verwandelt werden sollen. Bury begründete seine Entscheidung mit den Worten: „Das Buch ist eine hervorragend geschriebene, wunderbare, traditionelle Kindergeschichte. Außerdem ist es amüsant, aufregend und nützlich. In diesem Buch werden Lüge und Betrug durch Güte, Aufrichtigkeit und Integrität überwunden."[18]

Theologische Aspekte

Hier ist nun sicher nicht der Platz, „Harry Potter" einer theologischen Analyse zu unterziehen.[19] Interessant ist jedoch in diesem Zusammenhang die Tatsache, dass auch die Aussagen der Bibel zum Thema Magie sehr unterschiedlich gesehen werden können.

Im angesehenen evangelischen Sonntagsblatt heißt es dazu: „Die Bibel ist ein Buch voller Magie: Mose ist ein Zauberer (man denke nur an seinen Zauberstab, der sich in eine Schlange verwandeln kann und der das Wasser des Roten Meeres zerteilt.) Oder: Die ‚Magier' (so heißen sie wörtlich) aus dem Osten finden aufgrund astrologischer Berechnungen das Kind von Bethlehem. Die Kirche hat später aus ihnen Könige gemacht – vielleicht weil sie von Königtum und Herrschaft inzwischen mehr verstand, als vom Zauber des Übersinnlichen."[20]

Für manchen „Harry Potter"-Fan ist es allerdings auch wichtig, zu wissen, dass „Harry Potter" nicht die Bibel ist.

Deutsche Briefmarke:
Boten aus der Welt der Magier –
die Drei Weisen
aus dem Morgenland

Die religiös motivierte Auseinandersetzung um „Harry Potter" ist, unabhängig vom Verkaufserfolg, noch nicht beendet. In den USA stehen die Bände inzwischen auf Platz 48 einer „Blacklist" von 100 Titeln, die amerikanische Erwachsene nicht in den Regalen von Schulbibliotheken oder öffentlichen Büchereien sehen wollen. Hier befinden sie sich allerdings in bester Gesellschaft, z.B. neben Mark Twains „Huckleberry Finn" (Platz 5) und J. D. Salingers „Fänger im Roggen" (Platz 10). Veröffentlicht wurde diese Liste im September 2000 durch die American Library Association. Sie bezieht sich auf Bücher, gegen die meist der Vorwurf der Pornographie, Gewalt, des Okkultismus, Satanismus, der anti-familiären Tendenzen und Homosexualität erhoben wird.[21]

Auch Joanne K. Rowling selbst hat sich in Interviews zur Frage der Magie in ihren Büchern geäußert. Dem Guardian gegenüber äußerte sie, dass „new ageism" sie völlig kalt lasse.[22] Und natürlich glaubt sie nicht an Magie in der Art, die sie in ihren Büchern beschrieben hat.[23] Auf die Frage eines Fans, ob sie an Hexerei glaube und ob sie jemals gehext habe, antwortet sie denn auch ganz klar, kurz und schmerzlos: „Nein."[24]

SCHULE

Eines der zentralen Themen in „Harry Potter" ist zweifellos die Schule. Natürlich ist Joanne K. Rowling nicht die einzige Autorin, die dieses Thema im Bereich der Kinderliteratur aufgegriffen hat. Gundel Mattenklott hat denn auch darauf hingewiesen, dass die Zauberschule Hogwarts „auf phantastische Weise alles [bestätigt], was man seit Enid Blyton über englische Internate weiß: Rituale, nächtliche Abenteuer in dunklen Korridoren, Strafen, Feindschaften und Freundschaften, den regelgeleiteten Tugendkanon."[25]

In der deutschen Kinderliteratur hat u.a. Oliver Hassencamp die Welt eines zauberhaften Internates auf einer Burg beschrieben. Unter dem Titel „Schloss Schreckenstein" hat er schon seit den 50er Jahren eine ganze Serie von abenteuerlichen Schulgeschichten veröffentlicht, die zu Bestsellern geworden sind. [26] Kein Wunder, dass es im Internet eine direkte Verbindung zwischen „Harry Potter" und „Schreckenstein" gibt. Unter der Adresse http://www.alohomora.de/ wird jedenfalls behauptet, Burg Schreckenstein sei Harry Potters Lieblings-Homepage.

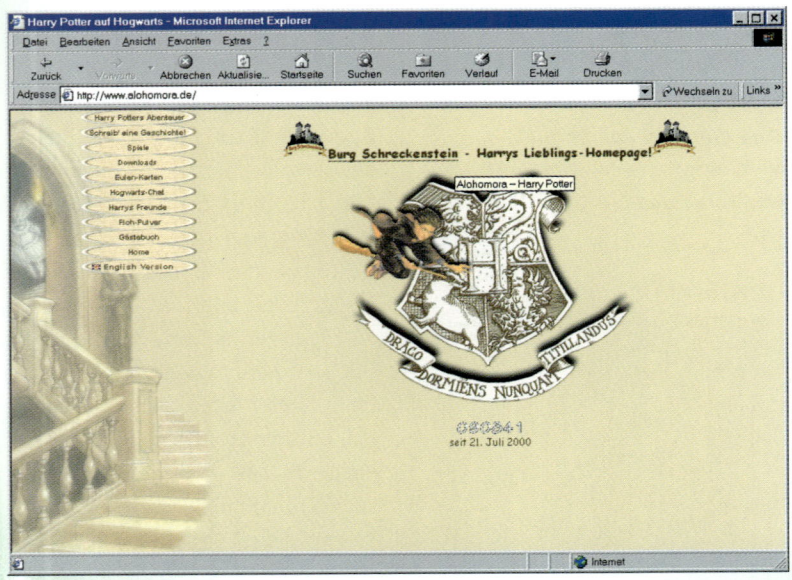

Internetseite: Verbindung zwischen Hogwarts und Burg Schreckenstein

Während Blyton, Hassencamp und
andere Autoren die Schule allerdings
überwiegend als Hintergrund für
ihre mehr oder minder tiefgründigen
Abenteuergeschichten benötigen,
bietet Joanne K. Rowling deutlich
mehr. Ihre Darstellung der Schulwelt
beinhaltet eine deutliche Auseinandersetzung mit dem englischen Schulwesen – vor allem mit den weit
verbreiteten Internatsschulen.
Wenn „Harry Potter" als „Gesell-
schaftssatire" verstanden wird,
dann trifft dieses Prädikat vor allem
auf den Schulbereich zu.

Hier zeigt sich allerdings erneut,
dass interkulturell und global gesehen
Rowlings Werk nicht hundertprozentig
kompatibel ist. Wer nichts über das
englische Schulwesen weiß, wird
auch nach der Lektüre aller Bände
von „Schloss Schreckenstein"
Rowlings Satire anders verstehen,
als ein Leser oder eine Leserin
aus England, Wales, Schottland
oder Irland.

PERSONEN, GEISTER, FABELWESEN

PERSONEN

Auf die Entstehungsgeschichte oder die Bedeutung einiger, von Joanne K. Rowling verwendeter, Namen wurde bereits in früheren Kapiteln aufmerksam gemacht. Bei den Personen sind das Dumbledore (vgl. S. 69 f.), Nicolas Flamel (vgl. S. 70) und allgemein die Muggels (vgl. S. 70 f.). Auf die Herkunft und Bedeutung einiger weiterer wichtiger Personen soll hier hingewiesen werden, wobei eine komplette Vorstellung des von Rowling entworfenen „Personals" nicht möglich ist.

Fudge

In der von Joanne K. Rowling geschaffenen Zauberwelt ist Cornelius Fudge der Zaubereiminister. Er scheint eine Vorliebe für die gewagte Kombination von Kleidungsstücken zu haben: Nadelstreifenanzug, scharlachrote Krawatte, langer schwarzer Umhang und spitze purpurfarbene Stiefel (Bd. 2, S. 269). Seine Kompetenz wird in Hogwarts eher als gering eingeschätzt (Bd. 1, S. 74).

Das Wort *fudge* hat im Englischen die Bedeutung von Unsinn oder Quatsch, als Verb bedeutet es pfuschen, schlampen und fälschen.

Mit dem Wort wird jedoch auch eine in Großbritannien sehr beliebte, weiche Sorte von Bonbons bezeichnet, für die es sogar eigene Läden gibt. Einer dieser Läden befindet sich in Edinburgh gegenüber von Moray House, wo Rowling ihre pädagogische Ausbildung abschloss (vgl. S. 27).

Fudge House in Edinburgh; die Person, die aus dem Fenster schaut, ist aber vermutlich nicht Rowlings Zaubereiminister

Minerva McGonagall

Diese beeindruckende Frau ist Konrektorin von Hogwarts und zugleich Hauslehrerin von Gryffindor, einem der vier „Häuser" von Hogwarts. Sie gilt als streng, unnahbar und hat ihre Haare zu einem charakteristischen Knoten gebunden.

Minerva McGonagall, Schülerzeichnung (Amelie Machunze, Volksschule Langenbach, 11 Jahre)

Ihr Vorname geht auf die antike Mythologie zurück (S. 87). Über den Nachnamen wurde bisher nur spekuliert. Wilhelm Schneidewind meint, er gehe auf die Formulierung „go-at-all" zurück, was „gehe zu allem" bedeutet und auf ihre Möglichkeiten, sich zu verwandeln hindeuten könnte.[1]

Viel wahrscheinlicher ist jedoch, dass Joanne Rowling, wie so oft, auf Anregungen aus ihrem Wahl-Heimatort Edinburgh zurückgegriffen hat. Hier ist 1902 der schottische Dichter und Dramatiker William Topaz McGonagall gestorben. Über seine Geburt gibt es Unklarheiten. Mal wird angegeben, er sei 1830 im schottischen Dundee geboren,[2] mal wird gesagt, er sei vermutlich als Sohn eines aus Irland eingewanderten Webers Ende 1830 in Edinburgh geboren.[3] Sein Ruf als Dichter ist eher fragwürdig.

Auf der Homepage von Dundee wird er als „Dundee's best remembered nobody" bezeichnet. Er sei ein Mann ohne Talent gewesen, der dachte, er wäre ein bedeutender Dichter und Dramatiker und hätte nur eine Gelegenheit gebraucht, um das zu beweisen. Schnell wurde er zum Gespött der Leute, heute gilt eher als „Original".

Eine Gedenktafel für McGonagall gibt es auf dem Friedhof der Greyfriar Kirk, der wiederum nur ein kurzes Stück von Nicolsons entfernt ist.

Dass Rowling sich bei der Verwendung des Namens McGonagall vom Namen des Dichters inspirieren ließ, hat sie nach Angaben von Rudolf Hein auch in einem Interview bestätigt.[4] Eine engere Verbindung zwischen der fiktiven und der realen Person McGonagall lässt sich allerdings nur schwer erkennen.

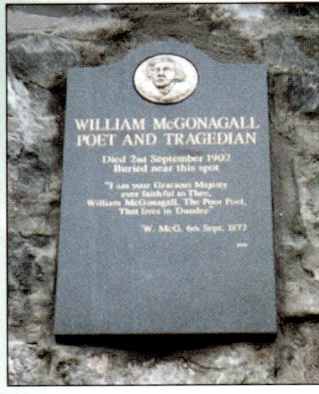

Gedenkstein für McGonagall auf dem Greyfriars Kirkyard in Edinburgh

© The William McGonagall Appreciation Society.
www.dundee22.freeserve.co.uk/bglink20.htm

Potter

Der Name Potter war der kleinen Jo Rowling bereits in ihrer Kindheit aufgefallen. Damals gab es in Winterbourne Kinder mit dem Nachnamen Potter (vgl. S. 16). Der Klang dieses Namens hatte ihr schon als Kind gefallen, später hat sie dann den Namen für ihren Helden Harry Potter verwendet.

Diese Darstellung ist sicher nicht falsch, aber man sollte auch wissen, dass Potter (deutsch: Töpfer) in Großbritannien ganz einfach ein häufiger Familienname ist. Sogar Mr Dursley denkt darüber nach, dass Potter „kein besonders ungewöhnlicher Name" ist (Bd. 1, S. 9).

Der Name Potter hat zudem in der Kinderliteratur durch die bekannten Bücher von Beatrix Potter einen guten Klang. Diese waren auch der kleinen Jo bekannt. Und Herman Melville, der bei uns durch „Moby Dick" bekannt gewordene amerikanische Autor, hatte bereits 1855 einen Roman mit dem Titel „Israel Potter" veröffentlicht. In Humphrey Carpenters berühmter Tolkien-Biografie stößt man bei den Namen der Fotografen immer wieder auf Billett Potter.[5]

Und wer in Großbritannien an Husten und Heiserkeit leidet, greift gern zu „Potter's Traditional Pastilles".

Verpackung von „Potter's Traditional Pastilles"

Begeben wir uns an den Ort, wo Joanne K. Rowling den ersten Band ihres Werkes abgeschlossen hat – nach Edinburgh, so finden wir hier – nur eine Straße von Nicolsons entfernt – eine „Potter Row", durch die Rowling sicher öfters ihre Tochter Jessica im Kinderwagen geschoben hat. In der gleichen Gegend gibt es auch eine Sandwich-Bar, die sich „The Potter Roll" nennt. Das alles kann kein Zufall sein.

Potter Row, eine Straße in Edinburgh in der Nähe vom Nicolsons

Lord Voldemort

Lord Voldemort ist die Verkörperung des Bösen und der zentrale Gegenspieler Harry Potters. Von den meisten Bewohnern der Zauberwelt wird es sogar vermieden, seinen Namen auszusprechen. Er ist der „Du-weißt-schon-wer". Dieser Umgang mit dem Namen des Bösen hat seine Entsprechung im volkstümlich-christlichen Bereich, wo für das Wort Teufel oft das Wort „Gott-sei-bei-uns" verwendet wird. Dahinter steht die magische Vorstellung, dass schon die Verwendung des Namens den Bösen her beschwören könnte.

Lord Voldemort, dessen fiktive Geschichte den „Harry Potter"-Bänden entnommen werden kann,[6] taucht in „Harry Potter" in wechselnden Gestalten auf. Auch das ist eine Eigenschaft, die gern dem Teufel zugeschrieben wird. Eine der Gestalten, die für Voldemort stehen, ist Tom Riddle. In Band 2 wird der Zusammenhang zwischen beiden durch das Anagramm

TOM VORLOST RIDDLE
IST LORD VOLDEMORT

dargestellt.

Voldemort wird immer wieder auch als der „Schwarze Lord" oder der „Dunkle Lord" bezeichnet. Damit wird seine Verbindung zu den dunklen Mächten und zur Schwarzen Magie charakterisiert. Rowling greift hier auf eine in anglo-keltischen Sagen vorkommende Gestalt zurück,[7] die auch von anderen Autoren fantastischer Literatur bzw. von Fantasy verwendet wird. Als Vertreter des Bösen taucht der Schwarze Lord z.B. auch in Wolfgang Hohlbeins Roman „Märchenmond" auf.[8]

Anregungen könnte die Autorin auch der Figur des bösen Sir Mordred entnommen haben, dessen Name bereits entsprechende Assoziationen erweckt. Mordred ist ein Kind von König Artus, das aus einer Affäre zwischen Artus und seiner Halbschwester Morgause stammt. Zur Ehrenrettung des sagenhaften Königs muss gesagt werden, dass er von seiner verwandtschaftlichen Beziehung zu seiner Geliebten nichts geahnt hat. Als er die Wahrheit erfährt, will er, was nun nicht die feine englische Art ist, Mordred in den Tod schicken. Dies gelingt aber nicht. Nach Jahren des Kampfes zwischen dem guten König Artus (auch wenn er so seine Schwächen hat) und dem bösen Mordred endet die Geschichte damit, dass Artus seinen Sohn und Neffen tötet. Mordred aber verwundet seinen Vater und Onkel auf grausamste Weise, indem er ihm den Schädel durchbohrt.[9]

GEISTER

Hogwarts ist voller Gestalten, die zur Kategorie „Geister" gehören. Schneidewind hat allein in den ersten vier Bänden mindestens 20 verschiedene Geister ausfindig gemacht, abgesehen von denen, die zur Todestagsfeier des Fast Kopflosen Nick aus dem ganzen Land anreisen.[10] Auf den literarischen Hintergrund dieser gruseligen Gesellschaft wurde bereits hingewiesen (S. 89 f.).

In dem an Geistern ohnehin nicht armen Schottland scheint Edinburgh eine besondere Rolle zu spielen. Es spukt in der Ann Street, am Charlotte Square, in der Dovecot Road, in der George Street, in der Burg von Edinburgh und im königlichen Palast Holyrood – um nur einige der bei Geistern besonders beliebten Örtlichkeiten zu nennen.[11] Der Autorin stand hier also für „Harry Potter" eine große

Auswahl an Vorbildern zur Verfügung.

Diese Gespenstergesellschaft ist jedoch in Edinburgh nicht allein in Büchern und Erzählungen präsent, sie fällt auch im Stadtbild auf. Große Hinweistafeln werben dafür, auf einer nächtlichen „Ghost Tour" auch diese unheimliche Seite der schottischen Hauptstadt kennen zu lernen. Ob Joanne Rowling an einer dieser Touren teilgenommen hat, ist nicht überliefert.

Ghost Tours in Edinburgh

FABELWESEN

Viele der in „Harry Potter" auftauchenden Fabelwesen haben ihre Vorbilder in der antiken Mythologie oder in alten Sagen und Märchen. Hier sind natürlich vor allem die Riesenspinne, der Basilisk, die Drachen, der Phönix, der dreiköpfige Hund Fluffy, die Hippogreife, die Werwölfe und die Zentauren gemeint.

Einhorn, Schülerzeichnung (Stephanie Ertl, Volksschule Langenbach, 11 Jahre)

Einhorn

Eine besondere Rolle spielt das Einhorn. Es ist ein „magisches Geschöpf", das als Pferd, gelegentlich auch als Ziege, mit einem großen Horn auf der Stirn beschrieben wird. Viele Kinder haben das Einhorn (engl. unicorn) meist schon durch das von den Gebrüdern Grimm aufgezeichnete Märchen vom „Tapferen Schneiderlein" kennen gelernt. Das Fabeltier wurde

jedoch schon lange vor Christi Geburt im Orient erwähnt. Es gilt als Symbol von Kraft und Reinheit. In Harry Potter hilft das Blut des Einhorns sogar, den bösen Voldemort am Leben zu erhalten. Allerdings lässt er dazu ein Einhorn umbringen. Harry und seine Freunde finden das getötete Einhorn im verbotenen Wald (Bd. 1, S. 278 f.). Um diese Szene richtig zu deuten, sollte man auch wissen, dass das Einhorn ein Wappentier ist. Seit dem 15. Jahrhundert gehört es zu den Wappentieren der schottischen Könige. Heute ist es ein Symbol für Schottland.[12]

Englische Briefmarke mit dem Einhorn als Wappentier von Schottland

In einer Zeit, in der innerhalb Großbritanniens um die Unabhängigkeit Schottlands gerungen wurde, könnte ein totes Einhorn, das dem Bösen zum Leben verhilft, vielleicht auch eine verschlüsselte politische Aussage enthalten haben.

Die folgenden Daten könnten in diesem Zusammenhang aufschlussreich sein:
★ Ab 1990 hat J. K. Rowling an „Harry Potter" gearbeitet.
★ 1995 konnte die Autorin ihre Arbeiten an Band 1 abschließen.
★ 1997 wurde mit Tony Blair, dem Sohn eines Edinburgher Juristen, ein Schotte Premierminister von Großbritannien. Wesentlich für seinen Sieg waren die Wahlerfolge seiner Partei in Schottland. Noch im gleichen Jahr ließ Blair in Schottland ein Referendum abhalten, das zur Einführung eines schottischen Regionalparlamentes führte. Im gleichen Jahr erschien der erste Band von „Harry Potter".

GEHEIME
ORTE

LITTLE WHINGING

Surrey

Harry Potter wächst in dem fiktiven Ort Little Whinging auf, was u.a. mit „Klein-Jammertal" übersetzt wurde.[1] Rowling hat den Ort in der Grafschaft Surrey angesiedelt. Surrey ist eine tatsächlich im Süden von England, südwestlich von London liegende Grafschaft. Hier wurde auch Archibald Campbell, 3rd Duke of Argyll geboren, dessen Clan im vergleichsweise fernen Schottland zu Hause ist. Hier hat er sich ab 1743 um die Erneuerung des wunderbaren Schlosses von Inveraray (vgl. S. 119 f.) verdient gemacht.

Ligusterweg 4

Harry wächst als Waisenkind in der Familie der Dursleys auf. Sie wohnen in Little Whinging im Ligusterweg (engl. Privet Drive) in einem Haus mit der Nummer 4. Über das Haus ist nicht allzuviel bekannt. Man kann es sich jedoch als eines der typischen englischen Vorstadthäuser vorstellen, mit einem sehr ordentlichen Vorgarten und einem Stück Gartenmauer (Bd. 1, S. 14). Der Name Ligusterweg deutet bereits an, dass es auch Hecken gibt. Natürlich sind sie sorgfältig geschnitten (Bd. 1, S. 22).

Englische Briefmarke mit den wichtigsten Sehenswürdigkeiten von London

So könnte es im Ligusterweg aussehen

LONDON

Winkelgasse

In „Harry Potter" befindet sich die Winkelgasse, obwohl in London gelegen, bereits in der Zauberwelt. Der Zugang erfolgt durch den Hinterhof der Kneipe „Zum Tropfenden Kessel". In der Winkelgasse (engl. Diagon Alley) gibt es eine Fülle interessanter Läden, in denen man all die Dinge erhält, die man für ein Leben in Hogwarts bzw. für ein Leben in der Zauberwelt braucht.

Hinweise darauf, welche Stadtteile von London die Autorin bei der Ausgestaltung der Winkelgasse angeregt haben, gibt es im Moment nicht. Da die Autorin eine Zeitlang in London gewohnt hat, ist aber zu vermuten, dass es entsprechende Anregungen gegeben hat.

King's Cross

Der reguläre Zugang zur Zauberwelt erfolgt für die Schülerinnen und Schüler von Hogwarts über den Londoner Bahnhof King's Cross. Diesen Bahnhof, von dem aus die Züge nach Norden abfahren, gibt es tatsächlich. Er ist im Londoner U-Bahn-Netz mit der Victoria Line erreichbar.

Der Zug nach Hogwarts fährt in King's Cross auf dem für Muggels nicht sichtbaren und nicht zugänglichen Gleis neundreiviertel ab. Am gleichen Bahnhof, jedoch Bahnsteig 13, befindet sich auch der Zugang zu der von Eva Ibbotson in ihrem Buch „Das Geheimnis von Bahnsteig 13" (vgl. S. 83 f.) gestalteten Zauberwelt.

King's Cross, Zugang zum Gleis neundreiviertel

117

DIE ZAUBERWELT

Hogwarts

Hogwarts (was übersetzt „Schweine-warzen" bedeutet) gilt in „Harry Potter" als bedeutendste Zaubererschule. Die Schule ist in einem alten Schloss untergebracht, das manches Geheimnis birgt.

Es wird immer wieder darüber nachgedacht, ob es für Hogwarts ein konkretes Vorbild gibt, an dem sich die Autorin orientiert hat.

Einem Artikel von Reiner Luyken in der Wochenzeitung „Die Zeit" ist zu entnehmen, dass die als „spartanisch" beschriebene Privatschule Fettes in Edinburgh Vorbild für Hogwarts gewesen sei – auf einer „Anhöhe ein dunkles Schloss mit einem spitzen Turm in der Mitte und vielen kleineren Türmchen herum."[2] In dieser Schule hat auch der kleine Tony Blair, später Premierminister von Großbritannien, ein paar Jahre zugebracht.

Hogwarts, Schülerzeichnung
(Daniel Mikolajetz, Volksschule Langenbach, 10 Jahre)

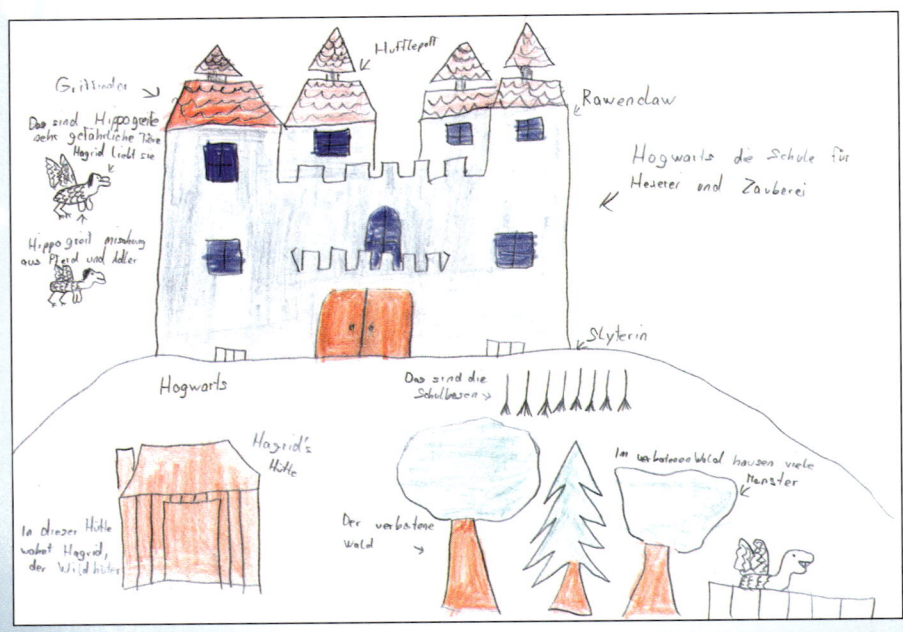

Andere halten eher die riesige Burganlage von Edinburgh für das Vorbild. Die Autorin selbst hatte ja eine Beziehung zwischen der Burg von Chepstow und Hogwarts angedeutet (vgl. S. 17).

In Zusammenhang mit der anstehenden Verfilmung von „Harry Potter" wurden auch andere Orte genannt, die zwar nicht direkt Vorbild gewesen waren, aber doch den Vorstellungen der Autorin entsprechen könnten. So wurde die nordwestlich von London gelegene englische Privatschule Harrow als möglicher Dreh-

ort genannt. Diese Schule hätte immerhin schon Filmerfahrung, denn hier wurden bereits mehrere Filme gedreht (u.a. der Kinderfilm „Der geheime Garten" von Agnieszka Holland, 1993).[3]

Direkt Modell gestanden haben für Hogwarts könnte das schottische Inveraray Castle des Duke von Argyll. Die mit Zinnen bewehrten vier Türme lassen an die vier Häuser von Hogwarts denken. Es gibt im Inneren eine große Halle für die Feste von Hogwarts, es gibt Gänge, Treppen, Kellergewölbe. Auch die Umgebung

Inveraray Castle des Duke von Argyll, Schottland

erinnert durchaus an die in „Harry Potter" enthaltenen Beschreibungen. Der Vergleich der Schülerzeichnung (vgl. S. 118) mit dem Foto (vgl. S. 119) dokumentiert, dass es auffällige Ähnlichkeiten zwischen den im Leser geweckten Vorstellungen von Hogwarts und dem schottischen Schloss gibt.

Als Drehort für bestimmte Szenen wurde auch die ehrwürdige Kathedrale von Gloucester ausgewählt. Dabei soll aber entgegen vielen Presseberichten hervorgehoben werden, dass nicht in der 900 Jahre alten Kathedrale selbst, sondern in den zugehörigen Kreuzgängen gefilmt wird.[4]

Die Kammer des Schreckens und Askaban

Keine alte Schule ohne Kellerräume, keine alte Burg ohne Gewölbe und Verließe. Wo immer Joanne K. Rowling sich für Hogwarts anregen ließ, hier könnten sich auch die Vorbilder für die Kammer des Schreckens und Askaban befunden haben.

Als zusätzliche Quelle drängen sich jedoch die „Edinburgh Vaults" auf – ein Netz von ca. 200 Jahre alten Kammern, Gängen und Gewölben unter der Altstadt. „A city beneath the city." Diese durchaus unheimlich anmutenden dunklen und feuchten Gewölbe waren lange Zeit in Vergessenheit geraten. Erst in den 90er Jahren wurden diese Kammern des Schreckens wieder geöffnet und der Öffentlichkeit zugänglich gemacht.

Kathedrale von Gloucester

Nordgang des Kreuzganges

(Fotos aus: www.gloucestercathedral.uk.com
© by Reverend Judith Hubbard-Jones)

Es könnte *das Ereignis* in Edinburgh gewesen sein, als Rowling hier an „Harry Potter" schrieb.

Dem normalen Muggel erschließen sich diese Gewölbe von Edingburgh allerdings nur bei einer nächtlichen Tour mit kundiger Begleitung. Starke Nerven werden vorausgesetzt.

Wem diese unterirdischen Kammern und Gänge nicht reichen, dem hat Edinburgh in dieser Hinsicht noch mehr zu bieten: Auch die Burg enthält entsprechende ungemütliche Räumlichkeiten, die im Verlauf der Geschichte als Lagerräume, Gefängnisse und Waffenmagazine gedient haben.[5]

„HARRY POTTER"
IM INTERNET

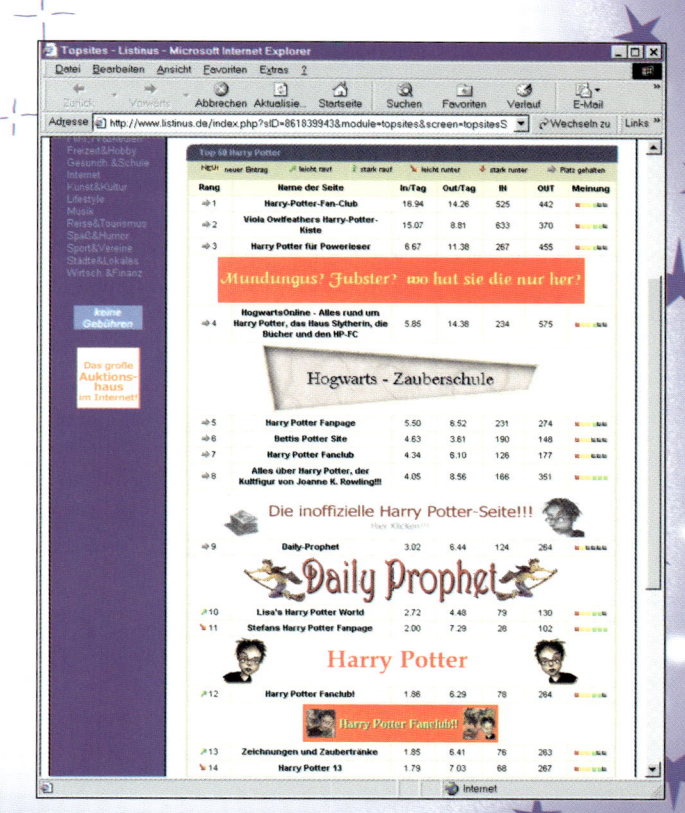

ZAUBERN IM INTERNET

Erfolgsrezept: Internet

Die Suche nach dem Geheimnis des Erfolges von „Harry Potter" führt früher oder später auch zum Internet. Nur das Internet ermöglichte die so rasante weltweite Weitergabe von Informationen und Gerüchten über das Phänomen „Harry Potter". Hier kann sich eine globale Fan-Gemeinde jenseits aller Alters-, Klassen- und Landesgrenzen treffen und Ideen und Erfahrungen austauschen. Nur das Internet bietet einen wirklich globalen Marktplatz, auf dem „Harry Potter" und die entsprechenden Merchandisingprodukte angeboten und verkauft werden. Hendrik Markgraf, Chefredakteur des Börsenblatts für den Deutschen Buchhandel, sieht ebenfalls, dass „die Gier nach „Harry Potter" [...] per Internet noch vervielfacht wird."[1] Die Bedeutung des Internets lässt sich ermessen, wenn man berücksichtigt, dass allein ein einziger „Harry Potter"-Fanclub auf seiner Homepage täglich bis zu 5.000 Besucher und im Monat sechs Millionen Klicks zählt.[2]

Wie allerdings „Harry Potter" ins Internet gekommen ist und wie der Verbreitungsprozess diese lawinenartige Dynamik aufrecht halten konnte, ist im Moment noch weitgehend unerforscht. Als sicher kann gelten, dass private Websites hier eine Vorreiterrolle gespielt haben. Bloomsbury und Carlsen haben ihre eigene Homepage erst mit zeitlicher Verzögerung entsprechend „aufgemotzt" und nachgerüstet.

Ärger mit dem Internet

Natürlich sind die unterschiedlichen „Harry Potter"-Verlage für die von unzähligen Fans und Fanclubs organisierte kostenlose weltweite Werbung froh und dankbar. Aber im Internet versuchen nicht allein seriöse Verlage und Buchhandlungen von der Pottermania zu profitieren. Es gab vereinzelt Ärger mit Werbebannern, die unter dem Schlagwort „Harry Potter" den Weg zu Seiten mit pornographischen Inhalten geebnet hatten.[3] Der Carlsen Verlag sah sich sogar einmal gezwungen, sein Gästebuch zu schließen, da es für rechtsextremistische Propaganda missbraucht worden war.[4] Im Internet trifft man also nicht nur die guten Zauberer. Das haben sich vermutlich auch zahlreiche junge „Harry Potter"-Fans gedacht, als sie von Time Warner aufgefordert wurden, ihre private Homepage zu löschen. Der Medienriese hatte nämlich kurz vor Weihnachten 2000 von seinem Recht Gebrauch gemacht, auch private und nicht kommerzielle Internetadressen mit dem Bestandteil „Harry Potter" unter Anordnung von Strafen zu verbieten.[5]

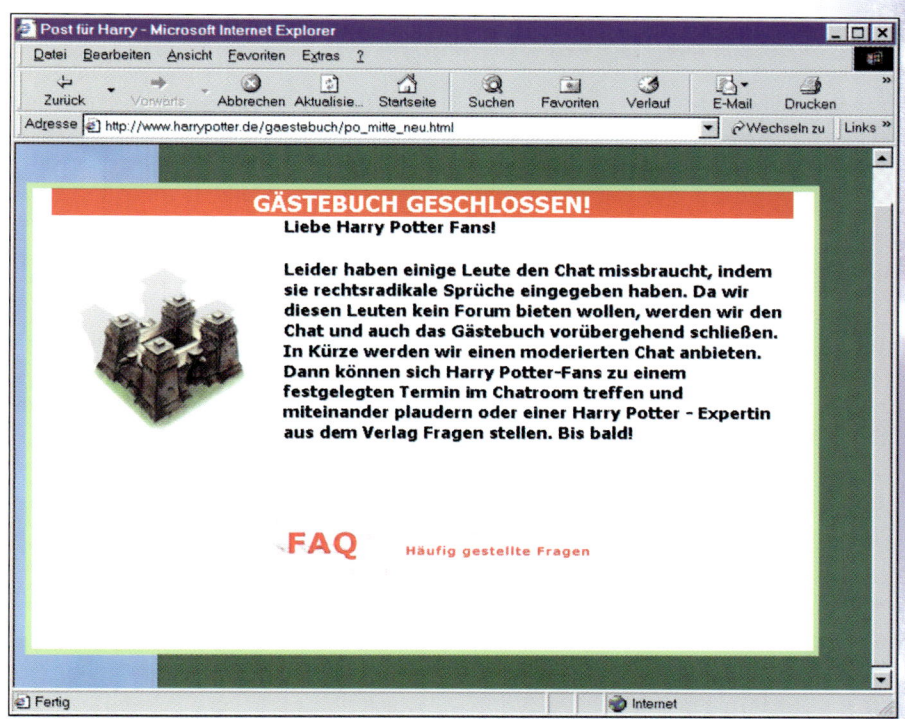

Information des Carlsen Verlages im Internet

DIE WEBSITES DER „HARRY POTTER"-FANS

Die Zahl der Websites zu „Harry Potter" ist inzwischen unübersehbar geworden. Für Deutschland werden von einschlägigen Suchmaschinen mehr als 10.000 Websites gezählt, international sind es mehr als 200.000. Angesichts dieser Fülle kann hier tatsächlich nur eine winzige Auswahl vorgestellt werden.

Bei den Websites der Fans und Fanclubs ist zu berücksichtigen, dass es sich dabei gelegentlich auch um „angebliche" Fans und Fanclubs handeln kann, hinter deren Seiten ganz handfeste kommerzielle Interessen stehen. Ebenso muss berücksichtigt werden, dass viele private Websites zu „Harry Potter" nur die bekannten Informatio-

nen und Bildelemente aus dem
Internet kopieren und wiedergeben.
Meist werden sie nur immer wieder
neu angeordnet und interessanter
gestaltet. Der Zauber dieser Seiten
ist dann auch oft weniger im
Informationsgehalt zu sehen als in
der Kreativität, die von den kleinen
und großen Fans im Umgang mit
„Harry Potter" gezeigt wird.

Diese Kreativität zeigt sich einmal in
einer ansprechenden grafischen Gestaltung, aber auch in den vielfältigen
interaktiven Elementen. Das, was man
im schulischen Literaturunterricht
unter der Überschrift „Handlungs- und
Produktionsorientierung" erreichen
möchte, findet sich am Beispiel „Harry
Potter" – und überwiegend ohne
schulischen Anstoß – auf vielen
Seiten: Zusammenfassungen,

Inhaltsangaben, Bilder zum Text,
Charakterisierungen einzelner Haupt-
figuren, eigene Fortsetzungen und
ganze neue Kapitel, fiktive Briefe und
Zeitungsartikel, Rätsel und ein realer
Austausch über Literatur. Beispiele
dafür bieten die folgenden Adressen:

www.hp-fc.de
★ Private Homepage der Schülerinnen
Saskia und Sarah Preißner. Sie
enthält Informationen, Bildelemente
und interaktive Spiele rund um
Harry Potter. Außerdem gibt es
Links zu anderen Seiten und man
kann sich einen schönen bunten
Bildschirmschoner und Joanne K.
Rowlings Unterschrift runterladen.
Die Seite gehört sicher mit zu den
informativsten, die es im deutsch-
sprachigen Internet zu „Harry
Potter" gibt.

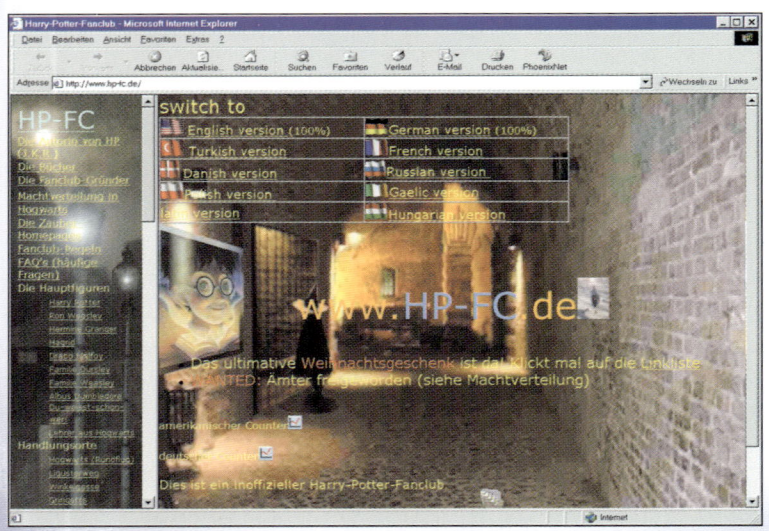

www.lea-becker.de

★ Private Homepage der Schülerin Lea Becker. Nett gestaltet mit Musik im Hintergrund. Die Informationsdichte kann als angemessen betrachtet werden: Hier findet man einige Standardinformationen und Hinweise zu den Büchern mit Link zu einem Buchversand. Außerdem bietet Lea ein Quiz für Fans.

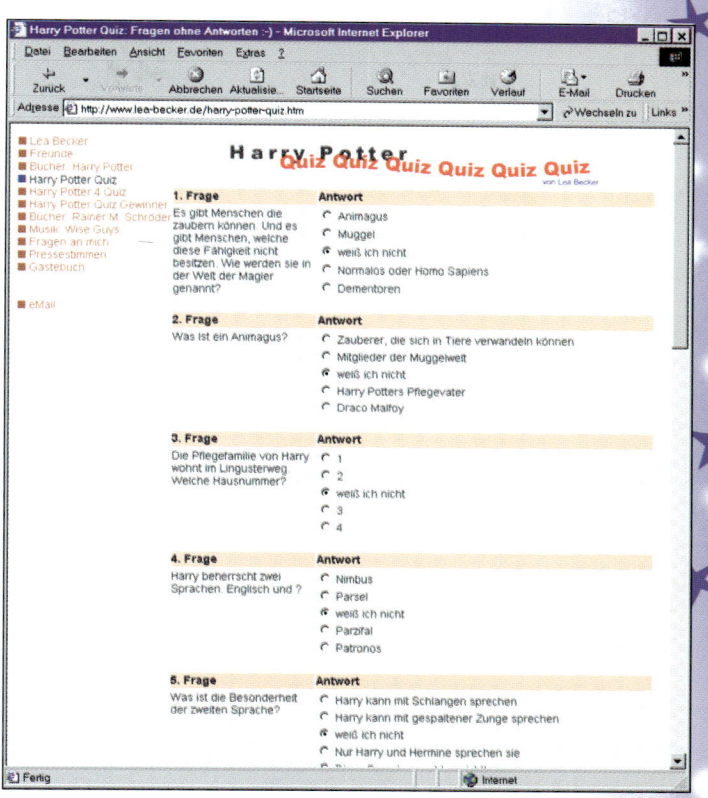

www.people.freenet.de/ bettis_harrypotterpage

★ Private Homepage einer Schülerin, die die gängigen Informationen zu „Harry Potter", J. K. Rowling und zum Film zugänglich macht. Auch hier kann man an einem Quiz teilnehmen.

Eine Sonderrolle nehmen private Websites ein, die sich mit einer gewissen Ernsthaftigkeit und höherem Anspruch den Büchern um Harry Potter nähern. Hier fallen vor allem die folgenden Seiten auf, die Informationen zu Namen und Begriffen aus „Harry Potter" in Form eines Lexikons bereitstellen. Die Verfasser sind allerdings auch schon den Kinderschuhen entwachsen und haben ein Studium hinter sich.

www.geocities.com/morgenglanz/hp/

★ Private Homepage von Cornelia Rémi, die unter dem Titel „Viola

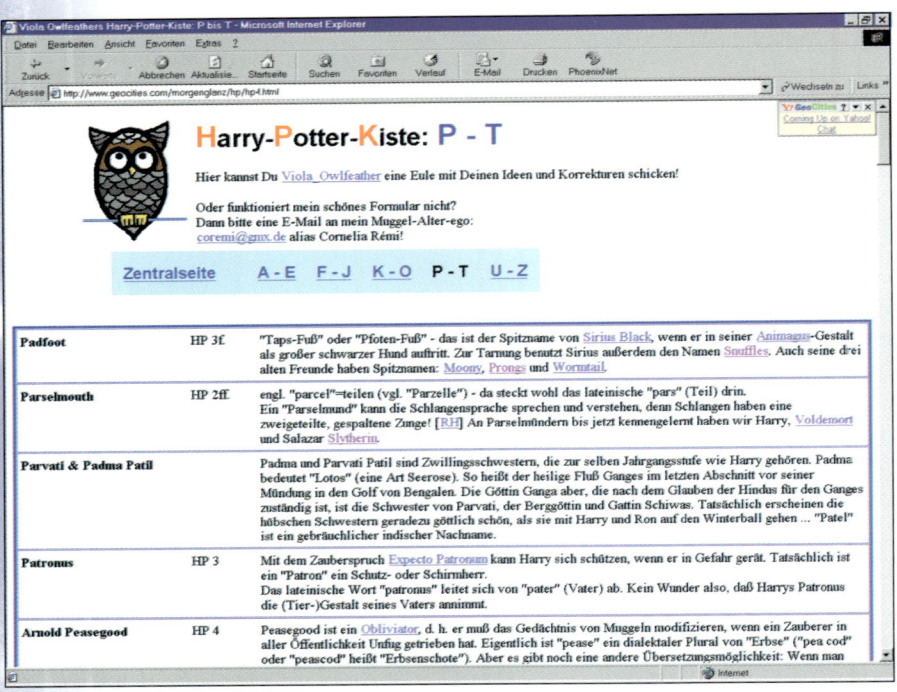

Owlfeathers Harry-Potter-Kiste"
eine Fülle von Informationen zu
Namen und Begriffen
aus „Harry Potter"
anbietet.

www.rudihein.de/
hpwords.htm

⭐ Ebenfalls ein solides
Lexikon wichtiger
Namen und Begriffe
aus „Harry Potter"
auf der privaten
Homepage von
Rudolf Hein.

DAS KOMMERZIELLE INTERNET

Eine große Zahl von Seiten haben mehr oder minder offensichtlich einen kommerziellen Charakter. Hier sind zunächst die Seiten der „Harry Potter"-Verlage Bloomsbury, Carlsen und Scholastic zu nennen, aber auch eine entsprechende Homepage von Time Warner, die den Fortgang der Arbeiten am Film dokumentiert wird. Daneben wird man immer wieder auf Seiten von Internetbuchhändlern geführt, wo man „Harry Potter" in allen Variationen bestellen kann (z.B. www.buchkatalog.de; www.amazon.de, www.buchhandel.de).

www.bloomsbury.com

★ Unter dieser Adresse findet man den Londoner Bloomsbury Verlag. Empfangen wird man inzwischen von einer interessant aufgemachten Eingangsseite, die mit einigen spielerischen Elementen zu weiteren Informationen über die Bücher und zu Biografien über die Autorin führt.
Attraktiv sind die angebotenen „Eulen" und „Heuler" – diese allen „Harry Potter"-Lesern bekannten Brief-Varianten können als E-Mail mit Soundeffekt an Freunde und Feinde weitergeleitet werden. Über die Homepage kann man zusätzlich im „Real Video"-Format ein Interview mit der Autorin akti-

vieren. Natürlich gibt es das Interview und alle weiteren Informationen nur in Englisch.

www.harrypotter.de

★ Unter dieser Adresse verbirgt sich die „Harry Potter"-Homepage des Carlsen Verlages. Hier gibt es Leseproben zu allen Bänden, Auszüge aus Buchbesprechungen, eine Liste der an „Harry Potter" oder seine Autorin verliehenen Preise und Auszeichnungen, einen tabellarischen Lebenslauf und die Möglichkeit, per E-Mail mit den leibhaftigen Vertretern Harry Potters in Kontakt zu treten. Der Betrachter soll auch mit den weiteren Publikationen des Verlages Bekanntschaft machen. Gestalterisch hinkt die Homepage vielen Websites von Fans hinterher.

www.scholastic.com/harrypotter

★ Der amerikanische Scholastic Verlag bietet eine professionell gemachte Homepage mit zahlreichen Informationen zu den Büchern und zur Biografie der Autorin. Interaktive Elemente motivieren die Nutzer, sich intensiver mit „Harry Potter" auseinanderzusetzen. Zusätzlich kann man sich einen Bildschirmschoner runterladen.

http://harrypotter.warnerbros.com

★ Das ist die offizielle Seite der Firma Time Warner (Warner Bros.), die die Film- und Merchandisingrechte an „Harry Potter" erworben hat. Die Seite enthält vor allem die einschlägigen Presseerklärungen zum Film sowie einige Bilder der Schauspieler. Es ist anzunehmen, dass diese Seite im Laufe der Zeit noch angereichert wird.

LESEFÖRDERUNG PER INTERNET

Auf amerikanischen und englischen Internetseiten werden die unterschiedlichsten „Materialien" angeboten. Viele davon können bei uns im Rahmen des Englischunterrichts eingesetzt werden. Einige eignen sich eher als Anregung für die Erarbeitung eigener Materialien oder für die Durchführung entsprechender Projekte im Deutschunterricht. Zielsetzung dieser Materialien ist im weitesten Sinne die Leseförderung.

www.scholastic.com/harrypotter/books/guides/index.htm

★ Unter dieser Adresse bietet der amerikanische Scholastic Verlag in englischer Sprache sogenannte „Discussion Guides" zu den Bänden von „Harry Potter" an. Es handelt sich dabei um kurze Inhaltsangaben, die Skizzierung thematischer Schwerpunkte und vor allem um Listen mit Fragen, über die zu diskutieren sich lohnt, wenn man den entsprechenden Band gelesen hat. Methodische Hinweise sind diesen „guides" nicht zu entnehmen.

www.connectingstudents.com/lessonplans/potter/

★ Es konnte nicht ausgemacht werden, wer sich hinter dieser Adresse verbirgt. Offensichtlich sind es unterschiedliche Pädagogen, die hier gemeinsam eine Fülle von didaktischen Anregungen geben.

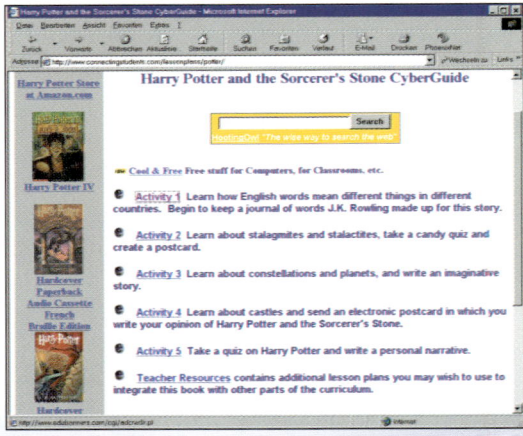

Teilweise handelt es sich um handlungsorientierte Aufgaben-kataloge und Materialien, die direkt aus dem Internet geladen und als Kopiervorlage verwendet werden können. Alles natürlich in eng-lischer Sprache.

★ Kopiervorlagen, die an-sprechend grafisch ge-staltet sind, findet man auch unter der Adresse www.angelfire.com/co3/ teachhpotter/harry3.html

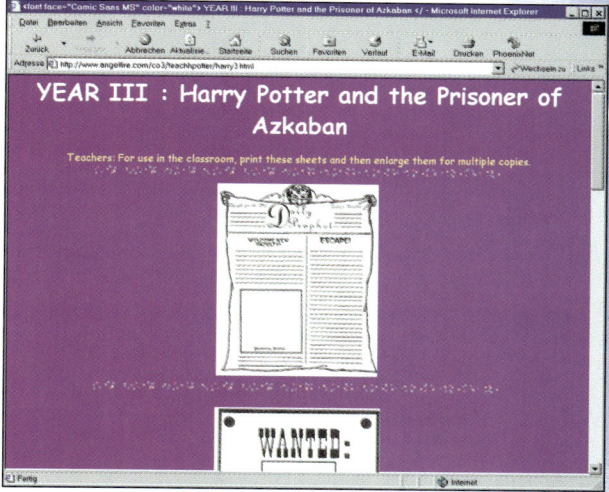

★ Eine eigene „Harry Pott-er"-Homepage bietet die Edleston Primary School an: http://edleston. primaryresources.co.uk/ projects/harry/ harry2.htm Hier findet man sowohl didaktische Hinweise für Lehrkräfte als auch an-regende Arbeitsergeb-nisse von Schülern.

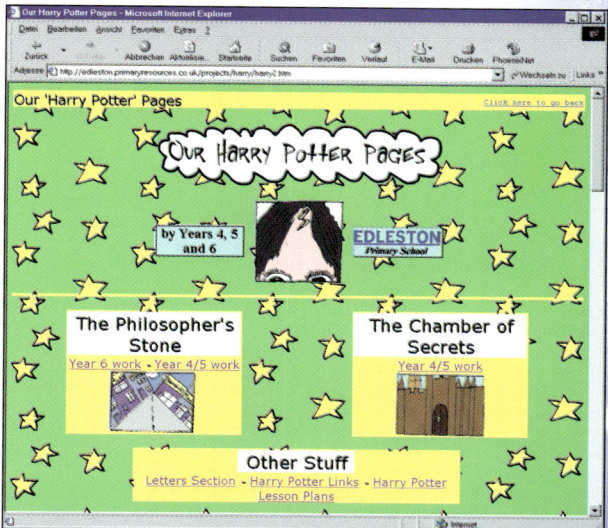

„HARRY POTTER" IN DER KRITIK

BUCHBESPRECHUNGEN

Literaturkritik

Für Kritik mag es im Zusammenhang mit „Harry Potter" unterschiedlichste Anlässe geben. Merchandising und die Fragen von Magie und Religion sind in diesem Zusammenhang Stichworte, auf die schon eingegangen wurde.

Hier ist jetzt aber die sogenannte „Literaturkritik" gemeint, das heißt, die Beurteilung von Büchern nach literarischen oder auch anderen Kriterien durch professionelle Kritiker. Diese Kritik darf keinesfalls immer als negativ angesehen werden. Auch die sehr positive Würdigung eines Buches wird als Kritik bezeichnet.

Ein großer Teil der Literaturkritik findet auf den Feuilleton-Seiten (bzw. in entsprechenden Spalten) von Tages- und Wochenzeitungen in Form von Buchbesprechungen statt. Diesen Buchbesprechungen lassen sich oft wichtige Hinweise entnehmen, wenn man selbst unsicher ist, was man von einem Buch halten soll.

Was also hält die Literaturkritik von „Harry Potter"?

Jubel über „Harry Potter"

Zunächst muss festgehalten werden, dass es zu „Harry Potter" sehr viele Buchbesprechungen der unterschiedlichsten Art gegeben hat. Schon das ist auffällig und für Kinder- und Jugendbücher keineswegs selbstverständlich.

Die meisten Kritiker äußern sich recht positiv zu „Harry Potter". Angesichts der Tatsache, dass diese Bücher die Lust auf's Lesen ganz offensichtlich erheblich steigern konnten, hat es wirklich kritische Stimmen zunächst nur am Rande gegeben. Gundel Mattenklott etwa hatte in der „Frankfurter Allgemeinen" zu Band 1 vorsichtig geäußert, „nach den subtilen Verrückungen des Alltags in den ersten Kapiteln wirkt der Kampf stereotyp, wie es in diesem Genre wohl schwer zu vermeiden ist." Dieser eher negativen Bemerkung stellte sie jedoch sogleich die „Überraschungen" und die „Fülle farbiger Einfälle" des Buches gegenüber.[1]

In der sehr angesehenen Wochenzeitung „Die Zeit" bezeichnete Karla Schneider den ersten Band von „Harry Potter" als „fulminant" (glänzend). „So viel Erzählfreude und potente Erfindungsgabe, solch ambivalenzfreies Zuweisen von Gut und Böse, ohne dabei in Penetranz zu verfallen, und bei alledem präzises Verknüpfen auch der beiläufigsten Handlungsfäden hat man lange nicht mehr beisammen gesehen."[2] Das kann man nur als riesiges Lob für das Buch und seine Autorin verstehen. Und im Jahr darauf jubelte die Kritikerin sogar „Lesen! Lesen! Endlich: Neues vom Zauberlehrling Harry Potter."[3]

Die landes- und weltweite positive Kritik hatte Jo Anne Brügmann schließlich zu der Vermutung veranlasst, dass „selbst routinierte Rezensenten [das sind Buchbeurteiler] vom Potter-Virus befallen [sind] und auf dem Rücken eines Hippogreifs ihrem Schreibtischtäterdasein am liebsten entfliehen wollen." Jedenfalls sind, so fasste Brügmann zusammen, kritische Stimmen rar.[4] Vor allem die literarische Qualität wurde kaum in Frage gestellt.

Distanziertere Einschätzungen

Angesichts des gigantischen Erfolgs und des bis auf wenige Ausnahmen positiven Presseechos erinnern die Äußerungen des englischen Literaturkritikers und Mitglieds der Jury für den angesehenen Whitbread-Literaturpreis, Anthony Holden, schon fast an das Märchen von „Des Kaisers neue Kleider".

Nach seiner Einschätzung ist die „Potter-Saga" nämlich in hohem Maße von anderer Literatur abgeleitet und von niederdrückenden nostalgischen Gefühlen für ein längst vergangenes Britannien geprägt. Er bemängelt auch den fantasielosen, ungrammatischen Prosastil und die von der Autorin betriebene Schwarzweißmalerei.[5]

Inzwischen liegen auch aus dem deutschen Sprachraum distanziertere Einschätzungen vor. Christine Richard kritisierte in der „Basler Zeitung", dass jetzt auch erwachsene Leser auf Rowlings Psycho-Schiene abfahren, „sie führt geradewegs zurück zur spiritualistischen Literatur der achtziger Jahre und ihrem Selbstfindungshokuspokus."[6]

Und die bekannte Literaturkritikerin Sigrid Löffler machte inzwischen klar, dass sie in „Harry Potter" zwar ein „recht ordentliches Kinderbuch" sieht. Aber „Harry Potter" sei dann doch so etwas wie „Tolkien für Arme". „Aber warum sollen die Kinder nicht mit Potter einsteigen?"[7]

Mit anderen Worten:
So richtige Literatur ist „Harry Potter" dann wohl doch nicht.

Was sagt die Wissenschaft?

„Harry Potter" ist inzwischen auch Forschungsgegenstand geworden. Seminare an Universitäten haben stattgefunden oder werden stattfinden in Hannover und Frankfurt am Main ebenso wie in München. Immer wieder hat man in der letzten Zeit Professoren oder Dozenten an Universitäten um ihre Meinung gebeten.

Aus der Fülle der inzwischen vorliegenden wissenschaftlich begründeten Bewertungen sei ein Gedanke von Professor Carsten Gansel (Gießen) zitiert: „Immer dann, wenn sich ein so nicht erwarteter Erfolg einstellt und der Text noch dazu aus einem eher minder bewerteten Bereich kommt, in diesem Fall der Kinderliteratur, gibt es vermeintliche Hüter der hohen Literatur, die sich im Dienste überkommener Werte wie die mittelalterliche Inquisition gebärden und die Rolle des Zensors einfordern. Welche Anmaßung. Dabei sind in Zeiten einer Spät- oder Postmoderne die Grenzen zwischen E- und U-Literatur [ernster Literatur und Unterhaltungsliteratur] fließender als je zuvor, auch die zwischen Allgemein- und Kinderliteratur. Es ist schon – wie Umberto Eco sagt – zur ‚Wiederentdeckung nicht nur der Handlung, sondern auch des Vergnügens' gekommen. [...] Auch J. K. Rowling nutzt durchaus mit Souveränität literarische Traditionen, aber sie imitiert sie nicht nur, sondern mischt sie locker und mit einem Schuss von Humor, Komik, ja Ironie."[8] Wer „Harry Potter" liest, kann und darf also Spaß an der Lektüre haben.

FEHLER
UND
IRRTÜMER

HIER IRRTE DIE AUTORIN

Es geht keineswegs darum, das Buch der Lehrerin Joanne K. Rowling nun mit roter Tinte zu korrigieren und der Autorin am Schluss eine Note zu verpassen. Es geht nicht ums „Fehlersuchen". Das „Fehlerfinden" ist jedoch die Kehrseite komplexer Bücher, bei denen Leserinnen und Leser verwirrende Handlungsstränge sehr genau verfolgen müssen. Auch bei „Harry Potter" muss immer wieder darüber nachgedacht und zugleich bewundert werden, wie kunstvoll die Autorin alles miteinander verknüpft hat. Dazu ist genaues Lesen notwendig.

Vor diesem Hintergrund sind vor allem jüngere „Harry Potter"-Fans gelegentlich auf Textstellen gestoßen, die nicht ganz zusammenpassen. Das mindert die Qualität von „Harry Potter" nicht, aber jeder Leser freut sich, wenn er etwas entdeckt, was selbst die Autorin nicht bemerkt hat. Die meisten Entdeckungen wurden schnell per Internet anderen Fans mitgeteilt. Das darf durchaus positiv verstanden werden. Es ist ein Zeichen, wie aufmerksam „Harry Potter" gelesen wird. Gleichzeitig könnten weitere Leserinnen und Leser dadurch zum genauen Lesen ermuntert werden. Das lohnt sich in jedem Fall, denn in „Harry Potter" gibt es, wie auch die vorhergehenden Kapitel zeigen sollten, viel zu entdecken.

Ein Leser namens Steve hat z.B. im Internet auf folgenden Fehler aufmerksam gemacht: Wir wissen, dass Harry am 31. Juli Geburtstag hat, denn das ist der gleiche Tag, an dem bei Gringotts eingebrochen wurde. Aus dem 2. Band wissen wir, dass der Fast Kopflose Nick seinen 500. Todestag am 31.10.1992 feierte. Daraus ist zu schließen, dass Harry seinen 11. Geburtstag am 31. Juli 1991 feiern konnte. In Band 1 sagt Harry, dass dieser Geburtstag an einem Dienstag ist, dem Tag nach Dudleys Lieblings-Fernsehsendung. Der Fehler ist, dass der 31. Juli 1991 auf einen Mittwoch fiel, nicht auf einen Dienstag, wie im Buch gesagt wird.[1]

Einen anderen Fehler hatten „Harry Potter"-Fans in Band 4 entdeckt. In der Gruselszene auf dem Friedhof (Bd. 4, S. 697) tauchen die Opfer Voldemorts in der umgekehrten Reihenfolge auf, in der sie von ihm getötet wurden. Bei Harrys Eltern wurde diese Reihenfolge von der Autorin jedoch nicht eingehalten. Zuerst erscheint hier Harrys Vater, der aber auch zuerst getötet worden war. Zuletzt taucht Harrys Mutter auf, die sich damals schützend über ihr Kind geworfen hatte und dabei den Tod fand.[2]

Bei einem weiteren Fehler geht es um Harrys Mitschüler Markus Flint. Im

ersten Band war er in der 5. Klasse. Im vierten Band hätte er die Schule längst verlassen müssen. Angeblich hat die Autorin diesen Fehler mit den Worten kommentiert: „Na ja, Markus Flint war so dumm, er musste noch ein Jahr ranhängen."[3]

HIER IRRTEN DIE FACHLEUTE

Fehler und Irrtümer sind kein Privileg von Bestsellerautoren. Auch Fachleuten, die sich über „Harry Potter" äußern, können Fehler unterlaufen. Hendrik Markgraf etwa bezeichnet Joanne Rowling als einstige „arbeitslose Sozialarbeiterin".[4] Es gibt allerdings keinerlei Hinweise darauf, dass die heutige Autorin diesen Beruf jemals gelernt oder ausgeübt hat. Vermutlich liegt eine Verwechselung von „Sozialhilfeempfängerin" und „Sozialarbeiterin" vor.

Marc Shapiros Buch über J.K. Rowling ist vermutlich die weltweit erste Biografie über die Autorin. Aber hier gibt es einige offensichtliche Fehler und Ungenauigkeiten, die einem Biografen nicht unterlaufen sollten. So wird z.B. auf S. 19 die Geburt der kleinen Joanne auf den 31. Juli 1966 verlegt. An diesem Tag konnte die spätere Autorin jedoch schon ihren ersten Geburtstag feiern: Sie wurde nämlich 1965 geboren. Dabei handelt es sich zweifelsfrei um keinen Druckfehler, denn Shapiro lässt Rowlings Eltern erst im November 1995 (also deutlich nach ihrer tatsächlichen Geburt) die

Nachricht von der Schwangerschaft verbreiten (S. 18). „Late in July 1966" fahren die beiden dann vor dem Chipping Sodbury General Hospital vor (S. 19). Zu spät, könnte man sagen.

Zahlreichen Quellen hätte Shapiro auch entnehmen können, dass Rowlings Eltern schon bei Joannes Geburt in Yate gewohnt haben. Sie sind nicht erst dorthin gezogen, als die künftige Autorin zu schreiben anfing (S. 25).[5]

Und schließlich heißt der Bahnhof in London, der durch „Harry Potter" und seine Autorin zu besonderem Ruhm gekommen ist, nicht etwa Knight's Cross, wie auf Seite 49 des Buches von Shapiro angegeben, sondern King's Cross. Eine Verwechselung mit Knightsbridge? Das wäre eine U-Bahn-station der Londoner Piccadilly Line.

Auch über Rowlings Geburtsort gibt es offensichtlich immer wieder mal Unklarheiten. Der Guardian gibt Chepstow an. Sie wurde jedoch in Chipping Sodbury geboren. Erst später zog die Familie nach Chepstow.[6]

ANHANG

ANMERKUNGEN UND QUELLENHINWEISE

Vorwort:
Über das Lesen mit Besen

1 Johannes Gutenberg (ca. 1397–1468), Erfinder des Buchdrucks mit beweglichen Lettern aus Metall; er schuf damit eine wichtige Grundlage der Buchkultur
2 Stichworte dazu sind projektorientierter, handlungs- und produktionsorientierter sowie offener Literaturunterricht
3 Strieder 2000, S. 34
4 Steinberger 2000, S. 17
5 Lurie 2000

J.K.Rowling
– eine Biografie

1 Zur Geschichte der 60er Jahre vgl. z.B. die Zusammenfassungen in: Der farbige Ploetz. Illustrierte Weltgeschichte von den Anfängen bis zur Gegenwart. Freiburg / Würzburg: Ploetz 1982
2 Vgl. Encyclopaedia Britannica. www.britannica.com (Stichworte: Beatles, the; British Invasion)
3 Hinweise zu den Eltern und zum Geburtsdatum: Rowling/Trenemann (The Times) 2000; www.bookbrowse.com (2.8.2000). Im Interview mit Lindsey Fraser (2000, S. 4) heißt es allerdings: „Dad was in the Navy and Mum was a Wren [Marinehelferin] [...] they married at 19 and had me at 20."
4 Zu Ian und Vicki Potter vgl. Rowling / Trenemann (The Times) 2000; http://212.172.17.8/ newsarchiv/ bg04potter.htm (23.7.2000); Michalski 2000
5 Rowling / Dallach 2000, S. 8
6 Fraser 2000, S. 3
7 Fraser 2000, S. 4
8 Fraser 2000 S. 5
9 Rowling (okukbooks) 2000
10 Charles Dickens (1812–1870), bedeutender Englischer Journalist und Schriftsteller des „viktorianischen Zeitalters". Bekannt geworden u.a. durch seine realistischen Romane „Oliver Twist" (1837/ 1839), „Nicholas Nickleby" (1838/1839) und „David Copperfield" (1849/1850)
11 Fraser 2000, S. 5; Rowling (okukbooks) 2000
12 Fraser 2000, S. 7
13 www.harrypotter.de (16.8.2000)
14 Rowling (Amazon 2000)
15 Fraser 2000, S. 13; Hattenstone 2000; vgl. auch www.mitford.org/ colframe.htm
16 Fraser 2000, S. 1, 10 ff.
17 Rowling / Jones 2000
18 Hattenstone 2000
19 Fraser 2000, S. 14 ff.
20 Rowling (okukbooks) 2000
21 Pook 2000
22 Vgl. Rowling / Solomon 2000
23 Rowling / Dallach 2000, S. 7
24 Rowling / Feldman 1999, S. 138; Fraser 2000, S. 20 f.; Rowling / Solomon 2000.
25 Fraser 2000, S. 10
26 Fraser 2000, S. 23; Weeks 2000
27 Wassermann, Lynn: Mit MS leben. Hannover: Deutsche Multiple Sklerose Gesellschaft o.J.
28 Hattenstone 2000
29 Fraser 2000, S. 23 f.; Shapiro 2000, S. 53–59
30 Fraser 2000, S. 23 f.; Rowling / Treneman 2000; Fearon 2000
31 Fearon 2000
32 Rowling / Treneman 2000
33 Hattenstone 2000; Weeks 2000
34 Fearon 2000
35 Fearon 2000
36 Weeks 2000
37 Fort 1999, S. 34

38 Weeks 2000; Carlsen 2000b; Rowling (The Sun) 2000; Rowling / Solomon 2000

39 Carlsen 2000b; Rowling (The Sun) 2000; Hattenstone 2000

40 Rowling (The Sun) 2000

41 Rowling / Dallach 2000, S. 7; Rowling (amazon) 2000

42 Rowling / Treneman 2000. Vgl. dazu auch Frederic F. Flach: Depression als Lebenschance. Seelische Krisen und wie man sie nutzt. Reinbek: Rowohlt 2000

43 Vgl. die Hinweise in Shapiro 2000, S. 67. Vgl. auch Rowling / Solomon 2000

44 Rowling / Dallach 2000, S. 7

45 Rowling (okukbooks) 2000; Weeks 2000; Rowling / Feldman 1999, S. 138; Rowling (amazon) 2000

46 Rowling (okukbooks) 2000

47 Fraser 2000, S. 1; vgl. auch Rowling / Feldman 1999, S. 139

48 Lewis Carroll: Alice's Adventures in Wonderland. London 1865. Beatrix Potter: The Tale of Peter Rabbit. London 1900; London/ New York 1902

49 Rowling (okukbooks) 2000

50 Rowling (okukbooks) 2000; Rowling / Feldman 2000, S. 138; Rowling (amazon) 2000; vgl. auch Carlsen 2000 b

51 Rowling (scholastic) 2000; Rowling / Dallach 2000, S. 7; Rowling / Jones 2000.

52 Rowling / Jones 2000

53 Rowling / Treneman 2000

54 Rowling (okukbooks) 2000

55 Rowling / Dallach 2000, S. 8

56 Rowling / Dallach 2000, S. 8

57 Beech 2000, S. 4

58 Carlsen 2000 a

59 Rowling / Weir 2000

60 Rowling / Feldman 1999, S. 138

61 Shapiro 2000, S. 69; Strieder 2000, S. 34; Schneidewind 2000, S. 247

62 Rowling / Feldmann 1999, S. 138

63 Fraser 2000, S. 25

64 Rowling (okukbooks) 2000

65 Reynolds 2000; „Schnelldreher in Großbritannien. In: Börsenblatt für den Deutschen Buchhandel Nr. 7/25.1.2000, S. 13; Henkel 2000

66 Reynolds 2000

67 Nach SPIEGEL ONLINE v. 16.11.2000 www.spiegel.de/ kultur/literatur/nf/ 0,1518,102958,00.html (18.11.2000)

68 Rowling (okukbooks) 2000

69 Savill 2000

70 Savill 2000

71 Reynolds 1997

72 Vgl. z.B. http://rhein-zeitung.de/ heute/ges/kult/ 00000484.html (20.11.2000)

73 Angaben nach: Rowling / Jones 2000; SPIEGEL ONLINE v. 16.11.2000; www.spiegel.de/ kultur/literatur/nf/ 0,1518,85087,00.html; www.ruadh.com/ hosting/external_ relations/news_article. cfm?reference=47; The Times v. 17.6.2000; www.the-times.co.uk/ news/pages/ tim/2000/ 06/17/ timnnfnnf01008. html (2.8.2000); Pook 2000; Süddeutsche Zeitung v. 24.11.2000, S. 14

74 Vgl. http://infoculture. cbc.ca/archives/book swr/bookswr_07202000_ jkrowling.phtml (19.11.2000)

75 Rowling / Dallach 2000, S. 7

76 Rowling / Dallach 2000, S. 7

77 Rowling / Solomon 2000

78 Rowling / Solomon 2000; Rowling / Jones 2000

79 Rowling / Solomon 2000

80 Hattenstone 2000

81 Angaben nach www.sueddeutsche.de/ nachrichten/ woche28/ weiterpotterharry. htm (13.7.2000)

82 Nach AP, http://anzei…artikel_ ausgabe.asp?zeitung_ id=ghtb&rubrik_name= gt_b&artikel_id= 288970 (4.10.2000)

83 Rumbelow 2000;
Rowling (The Sun) 2000
84 Angaben nach SPIEGEL
ONLINE v. 4.10.2000
www.spiegel.de/kultur/
gesellschaft/nf/
0,1518,96493,00.html
(4.10.2000)

„Harry Potter",
der Welterfolg

1 Inhaltsangabe nach
Rezensionen der Arbeits-
gemeinschaft Jugend-
literatur und Medien
in der GEW
2 Inhaltsangabe nach
Rezensionen der Arbeits-
gemeinschaft Jugend-
literatur und Medien
in der GEW
3 Inhaltsangabe nach
Rezensionen der Arbeits-
gemeinschaft Jugend-
literatur und Medien
in der GEW
4 Inhaltsangabe nach
Rezensionen der Arbeits-
gemeinschaft Jugend-
literatur und Medien
in der GEW
5 Treneman 2000
6 Jones 2000
7 Vgl.
http://live.altavista.
com.scripts/editorial.
dll?ei=2278976&ern
=y (23.10.2000);
Berliner Zeitung
v. 23.10.2000
www.berlinonline.de/
aktuelles/berliner_
zeitung/vermischtes/
.html/23artik095783.html
(23.10.2000)
8 Vgl. Schneidewind 2000,
S. 262 ff.

9 Vgl. Berliner Zeitung
v. 18.10.2000
www.berlinonline.de/
aktuelles/berliner_
zeitung/vermischtes/
.html/18artik094202.html
(18.10.2000);
Alberge 2000.
10 Vgl. www.angelfire.com/
wi/harrypotter/
fourthbook.html
(21.2.2000)
11 Vgl. DUDEN –
Das Fremdwörterbuch.
Mannheim u.a.:
Dudenverlag ⁴1982
12 Elsener 2000
13 Angaben nach:
Guinness 2000, S. 102 f.
14 Fritz / Kiesel 2000,
S. 11; Vgl. auch Bendl
2000.
15 Nach SPIEGEL ONLINE
v. 16.11.2000
www.spiegel.de/
kultur/literatur/nf/
0,1518,102958,00.html
(18.11.2000)
16 Reynolds 1997
17 Nach Börsenblatt
für den Deutschen
Buchhandel Nr. 60
v. 30.7.1999, S. 12
18 Maughan 2000
19 Smith 2000
20 Nach Westdeutsche
Zeitung v. 22.11.2000
www.pipeline.de/cgi-bin/
(22.11.00)
21 Reid / Bone / O'Connell
2000
22 Helm 2000
23 Ehling / Saur 2000
24 Vgl. Butterbier 2000,
S. 8
25 Seifert 2000
26 Die folgenden
Angaben nach
www.harrypotter.de

(23.9.2000; dort
auch Aktualisierungen),
Schneidewind 2000,
S. 273 f. und
Frankfurter Rundschau
www.fr-aktuell.de/fr/
181/t181019.htm
(20.11.2000)
27 Alberge 2000;
zu A. Chambers vgl.
Knobloch / Peltsch
1998, S. 21 f.
28 Vgl. FOCUS ONLINE
v. 15.11.2000
http://focus.de/G/GV/
GVA/gva.htm?snr=
80064&streamsnr=9
(17.11.2000)
29 Ulf Preuss-Lausitz:
Kindheit 2000.
In: Daubert / Ewers1995,
S. 7–22
30 Die folgenden
Hinweise und Zitate
nach Preuss-Lausitz in
Daubert / Ewers 1995,
S. 12 ff.
31 Preuss-Lausitz in:
Daubert / Ewers 1995,
S. 15
32 Markgraf 2000
33 Richard 2000
34 Miller 2000; Marin 2000
35 Wittmann 2000
36 Steinberger / Kreye 2000
37 Vgl. dazu Beuning /
Knobloch 2000;
Schafer 2000;
Beech 2000
38 Als Beispiel für in-
zwischen veröffentlichte
Berichte vgl. Bücher,
Kinder ... 2000;
Beuning 2000;
Gundt 2000
39 Berliner Zeitung:
Harry Potter soll ins
Falkenseer Hexenhaus
einziehen

www.berlinonline.de/
aktuelles/berliner_
zeitung/ brandenburg/
.html/04artik089147.html
(4.10.2000)

40 Nach Allgemeine Zeitung
/ Main-Rheiner
www.main-rheiner.de/
region/objekt.phtml?
artikel_id=274428
(10.10.2000)

41 Vgl. Rheinzeitung
http://rhein-zeitung.de/
on/00/10/19/magazin/
news/potter.html?a
(23.10.2000)

42 Strieder 2000, S. 35

43 Menzelmann / Schmidt
2000

44 Markgraf 2000

45 Markgraf 2000

46 Reynolds 1997

47 Vgl. Carlsen 2000a
und 2000b

48 Lutz 2000

49 Seebaum 2000

50 Volkery 2000

51 www.spiegel.de/
druckversion/
0,1588,84,00.html
(23.7.2000)

52 Snoddy 2000;
www.publishersweekly.
com/articles/20000417-
85699.asp (2.5.2000)

53 Die Übersicht stützt sich
überwiegend auf einen
Katalog des „Warner
Bros. Studio Store"
(Holiday 2000)

54 Seebaum 2000

55 Katalog des „Warner
Bros. Studio Store"
(Holiday 2000)

56 Vgl. dazu Knobloch 2000

57 Werbung zu der
Reihe „Die schaurige
Geschichte ..."
von L. Snicket,

Weinheim:
Beltz & Gelberg 2000;
Werbung zu R. M.
Schröder: Das geheime
Wissen der Alchimisten,
Herbstvorschau,
Würzburg: Arena 2000

58 laut Telefonat am
5.12.2000 mit einer
Mitarbeiterin des Beltz
Verlages, Abteilung
Rechte und Lizenzen

Literarische Beziehungen

1 Rowling (amazon) 2000

2 Rowling (okukbooks)
2000, vgl. auch Rowling
/ Treneman 2000

3 Rowling (scholastic)
2000

4 Rowling / Treneman
2000

5 Rémi 2000

6 Rémi 2000

7 Schneidewind 2000,
S. 113 f.

8 Würzburg: Arena 2000

9 Treneman 2000

10 Nach Publishers Weekly
v. 29.11.1999 und
13.3.2000; vgl. auch
Süddeutsche Zeitung
v. 10.10.2000, S. 17

11 www.realmuggles.com/
news/reg.html
(25.9.2000)

12 Stuttgarter Nachrichten
v. 24.3.2000 (nach dpa)
www.stuttgarter-
nachrichten.de
(24.3.2000);
vgl. auch Süddeutsche
Zeitung v. 10.10.2000,
S. 17

13 Anthony Anderson
nach Internationale
Jugendbibliothek,

München „excerpts
from discussions in
Internet list-servs
(mb/IJB − 2.5.2000)

14 Tabbert 2000, S. 187

15 Meißner 1989, S. 63

16 „Rotkäppchen", ein
von den Gebrüdern
Grimm aufgeschriebenes,
weit verbreitetes
Volksmärchen

17 Tabbert 2000, S. 190

18 Meißner 1989, S. 106

19 Meißner 1989, S. 132 f.

20 Biesterfeld 1993, S. 73

21 Biesterfeld 1993, S. 74

22 Lyon Sprague de Camp
nach Biesterfeld 1993,
S. 77 f

23 Meißner 1989, S. 123;
zu Tolkien vgl. auch
Carpenter 1979

24 Stumm 2000

25 Tabbert 2000, S. 189 f.

26 Vgl. z.B. Fort 1999;
Gray 1999

27 Kümmerling-Meibauer
1999, S. 1076

28 Rowling / Jones 2000

29 Rowling / AOL 2000

30 Kümmerling-Meibauer
1999, S. 192;
zu Carroll vgl. auch
Kleinspehn 1997

31 Woods 2000

32 abgedruckt in einer
Reprintausgabe,
die 1985 in London
beim Verlag Pavillion
Books erschien

33 Crossley-Holland 2000,
S. 29

34 Gray 1999;
Hinweise zu Lewis
vgl. Coren 1998

35 Tabbert 2000, S. 189 f.

36 Schafer 2000, S. 146 ff.

37 Schafer 2000,
S. 455 ff.

38 Der Große Brockhaus,
   Bd. 1. Wiesbaden:
   Brockhaus 1977, S. 370
39 Der Große Brockhaus,
   Bd. 7. Wiesbaden:
   Brockhaus 1979, S. 513
40 Crossley-Holland 2000,
   S. 108
41 Seafield 1999, S. 9
42 Seafield 1999, S. 145

Themen und Motive

1 Neubert in Knobloch /
   Peltsch 1998, S. 178
2 Nach Bantel / Schaefer
   1993
3 Vgl. den Hinweis
   in Michels / Lempe
   2000, S. 7
4 Volkery 2000
5 Thudichum / Knobloch
   1986, S. 143
6 Meißner 1989;
   S. 132–144
7 Vgl. Thudichum /
   Knobloch 1986,
   S. 149–152
8 Ebert 2000, S. 20
9 Ebert 2000, S. 20
10 Thudichum / Knobloch
   1986, S. 149–152
11 Rowling / Dallach 2000,
   S. 9 f.
12 Zander 2000, S. 6
13 Zander 2000, S. 6
14 Introvigne 1999
15 Empörung über
   Verbot von Harry-
   Potter-Büchern. In:
   Hamburger Morgenpost
   v. 29.3.2000
   database.mopo.de/
   bookmark/nachrichten/
   dpa/onl45_2_2903_
   0329130252.html
   (31.3.2000)
16 Nach FOCUS ONLINE
   v. 27.11.2000
   http://focus.de/G/GV/
   GVA/gva.htm?snr=
   80594&streamsnr=9
   (28.11.2000)
17 Aufruf zu mehr christ-
   licher Toleranz prägte
   Gottesdienst zur
   „Kleinen Hexe". In:
   Fränkische Landeszeitung
   v. 4.5.1992; Ebert 2000,
   S. 21
18 Bruxelles 2000
19 Vgl. dazu Tomberg 2000
20 Ebert 2000, S. 21
21 nach Hamburger
   Abendblatt
22 Hattenstone 2000
23 Rowling / AOL 2000
24 www.southwestnews.
   com/rowling/htm
   (17.10.2000)
25 Mattenklott 1998
26 Oliver Hassencamp
   1958 ff.; vgl. zum Thema
   auch Dahrendorf 1995,
   S. 21–28

Personen, Geister, Fabelwesen

1 Schneidewind 2000,
   S. 228.
2 Holman 1999
3 www.users.globalnet.
   co.uk/~crumey/
   william_mcgonagall.html]
   (9.12.2000)
4 www.rudihein.de/
   hpwords.htm (9.12.2000)
5 Billet Potter, In:
   Carpenter 1979
6 Eine Zusammenfassung
   findet man bei Schneidewind 2000, S. 390 ff.
7 Vgl. die Hinweise
   in Schneidewind 2000,
   S. 392
8 Meißner 1989,
   S. 139
9 Nach Crossley-Holland
   2000, S. 108
10 Schneidewind 2000,
   S. 131 f.
11 Nach Seafield 1999
12 www.civilization.ca/
   membrs/treasure/
   102eng.html
   (25.8.2000)

Geheime Orte

1 Lurie 2000
2 Luyken 2000, S. 65;
   www.britannica.com/
   bcom/magazine/article/
   0,5744,215423,00.html
   (19.8.2000)
3 http://rhein-zeitung.de/
   old/00/09/06/magazin/
   index.html
   (17.10.2000)
4 Schreiben des
   Chapter Steward der
   Gloucester Cathedral
   Tony Higgs
   v. 6.12.2000 an
   Karolin Willems
   (Verlag an der Ruhr);
   Levine 2000
5 www.kruegertravel.
   com/Legends/
   edinburghvaults.htm
   (2.9.2000);
   Tabraham 1999

„Harry Potter" im Internet

1 Markgraf 2000, S. 4
2 Altrogge 2000, S. 176
3 Wieder Ärger mit Harry. Fan-Website enthält Porno-Link. In: Süddeutsche Zeitung v. 5.10.2000, S. 17; Beuning / Knobloch 2000, S. 8
4 www.harrypotter.de/ gaestebuch/ po_mitte_neu.html (6.10.2000)
5 www.spiegel.de/ netzwelt/netzkultur/ 0,1518,109092,00.html (15.1.2001)

„Harry Potter" in der Kritik

1 Mattenklott 1998
2 Schneider 1998
3 Schneider 1999
4 Brügmann 2000, S. 8
5 Holden 2000
6 Richard 2000
7 Nach Berliner Morgen- post v. 15.10.2000 www.berliner- morgenpost.de/bm/ inhalt/heute/feuilleton. story354418.html (15.10.2000)
8 Gansel / Knöß 2000

Fehler und Irrtümer

1 www.geocities.com/ harrypotterfans/ mistakes.html (11.12.2000)
2 www.salon.com/books/ log/2000/07/24/potter/ print.html (9.9.2000)
3 www.bz-berlin.de/bz/ news/bk04potter.htm (5.11.2000)
4 Markgraf 2000
5 Shapiro 2000
6 Hattenstone 2000

ABBILDUNGSVERZEICHNIS

Ruth Knobloch (Freising):
Fotos auf den Seiten 9, 11, 13, 14, 15, 26, 27, 30, 44, 47, 50, 79, 106, 109, 111, 115, 116, 117, 119, 133 (Urheber des Titel- bildes v. Joanne K. Rowling: Harry Potter und der Stein der Weisen: © **Carlsen Verlag 1998**; Urheber des Titelbildes v. Joanne K. Rowling: Harry Potter und die Kammer des Schreckens: © **Carlsen Verlag 1999)**

Jörg Knobloch (Freising):
Fotos auf den Seiten 33, 34, 56, 57

Petra Schmidmeier (Oberhummel):
Foto auf Seite 62

Foto auf Seite 105 (aus einem Prospekt der **HM Frigate Unicorn, Victoria Dock, Dundee, Schottland**)

Das signierte Exemplar von Jane Austen (S. 20) befindet sich im Besitz von **Heidi Geißdörfer (München)**.

Illustration auf S. 137 von **Wilhelm Busch**.

Weitere Hinweise auf Urheber befinden sich direkt neben den Abbildun- gen. Nicht gekennzeichne- te Abbildungen sind vom Verfasser oder vom Verlag.

VERWENDETE LITERATUR

- **Alberge, Dalya:** Boy wizard does a spell for Comic Relief. In: The Times v. 17.10.2000, www.the-times.co.uk/article/0,,20181,00.html (17.10.2000)
- **Alberge, Dalya:** The book they say is better than Harry. In: The Times v. 7.7.2000, www.the-times.co.uk/onlinespecials/features/harrypotter/story10.html (11.7.2000); gekürzt auch unter dem Titel „Sex beats wizard to book prize", www.the-times.co.uk/news/pages/tim/00/07/08/timnwsnws01024.html (8.7.2000)
- **Altrogge, Georg:** Verrückt nach Harry. In: tomorrow Nr. 22/2000, S. 172–181
- **Bantel, Otto/Schaefer, Dieter:** Grundbegriffe der Literatur. Berlin: Cornelsen [15]1993. ISBN 3-454-50001-X
- **Beech, Linda Ward:** Scholastic Literature Guide – Harry Potter and the Sorcerer's Stone. New York: Scholastic 2000. ISBN 0-439-21116-6
- **Bendl, Helge:** Ein Muggel aus dem Gäu lehrt Harry Potter die deutsche Sprache. In: Sindelfinger Zeitung, www.szbz.de/dcl/html/news-sfz/20001014lok_on0003.htm (14.10.2000)
- **Beuning, Brigitte/Knobloch, Jörg:** Literatur-Kartei zum Jugendbuch von Joanne K. Rowling „Harry Potter und der Stein der Weisen". Mülheim: Verlag an der Ruhr 2000. ISBN 3-86072-594-7
- **Biesterfeld, Wolfgang:** Utopie, Science Fiction, Phantastik, Fantasy und phantastische Kinder- und Jugendliteratur: Vorschläge zur Definition. In: Günter Lange/Wilhelm Steffens (Hrsg.): Literarische und didaktische Aspekte der phantastischen Kinder- und Jugendliteratur. Würzburg: Königshausen & Neumann 1993, S. 71–80
- **Brügmann, Jo Anne:** „Ich glaub, ich habe die Harry-Sucht!" Was Kritiker und Kinder über Harry Potter sagen und schreiben. In: Bulletin Jugend & Literatur Nr. 5/2000, S. 8f.
- **Bruxelles, Simon de:** ‚School for wizards' found. In: The Times v. 8.8.2000, www.the-times.co.uk/news/pages/tim/2000/08/08html (25.8.2000)
- **Bücher, Kinder, Magie und Chips.** Zur Harry-Potter-Nacht verwandelt sich das Gymnasium Eschenbach in eine Zauberschule, www.oberpfalznetz.de/zeitung/esb/ek27harrypotter_k.0000861852.html (28.10.2000)
- **Butterbier.** In: Börsenblatt für den Deutschen Buchhandel Nr. 84 v. 20.10.2000, S. 8–10
- **Carlsen Verlag:** J.K. Rowling [Biografie]: www.harrypotter.de/autorin/autorin_mitte.html (7.1.2000 a) www.harrypotter.de/autorin/autorin_mitte.html (16.8.2000 b)
- **Carpenter, Humphrey:** J.R.R. Tolkien. Eine Biographie. Stuttgart: Klett-Cotta 1979. ISBN 3-12-901460-8
- **Coren, Michael:** C.S. Lewis – der Mann, der Narnia schuf. Wuppertal: Brockhaus 1998. ISBN 3-417-24675-X
- **Crossley-Holland, Kevin:** Die Welt des König Artus. Stuttgart: Urachhaus 2000. ISBN 3-8251-7265-1

- **Dahrendorf, Malte (Hrsg.):** Kinder- und Jugendliteratur – Material. Berlin: Volk und Wissen 1995. ISBN 3-06-102819-6
- **Daubert, Hannelore/Hans-Heino Ewers (Hrsg.):** Veränderte Kindheit in der aktuellen Kinderliteratur. Braunschweig: Westermann 1995. ISBN 3-14-162028-8
- **Ebert, Andreas:** Harry Potter und der liebe Gott. In: Sonntagsblatt v. 29.10.2000, S. 20 f.
- **Ehling, Holger/Michael Saur:** Transatlantische Potter-Euphorie. In: Börsenblatt für den Deutschen Buchhandel Nr. 57 v. 18.7.2000, S. 13
- **Elsener, Rolf:** Mehr als reiner Hokuspokus. In: Neue Luzerner Zeitung v. 13.10.2000, www.neue-lz.ch/nachrichten/artikel.jsp?ref=10349811645 (13.10.2000)
- **Fabian, Bernhard (Hrsg.):** Die englische Literatur. 2 Bde. München: Deutscher Taschenbuch Verlag ²1994. ISBN 3-423-04494-2, ISBN 3-423-04495-0
- **Fearon, Peter:** A Dark Flashback in ‚Potter' Author's Tale. In: New York Post v. 11.7.2000, www.nypost.com/07112000/news/7541.htm (02.09.2000)
- **Fort, Matthew:** Harry's Game. In: The Guardian v. 26.6.1999, S. 34–38

- **Fraser, Lindsey:** An interview with J.K. Rowling. London: Mammoth/Egmont Children's Books 2000. ISBN 0-7497-4394-8
- **Fritz, Klaus/Kiesel, Harald:** Das Erfolgsrezept kennt niemand [Interview]. In: Börsenblatt für den Deutschen Buchhandel Nr. 84 v. 20.10.2000, S. 11 ff.
- **Gansel, Carsten/Knöß, Astrid:** Mit Harry kehrt Lesefreude zurück [Interview]. In: Gießener Anzeiger v. 7.9.2000
- **Gray, Paul:** Wild About Harry. In: TIME magazine v. 20.9.1999, www.time.com/time/magazine/articles/0,3266,30857-2,00.html (29.3.2000)
- **Guinness World Records 2001 – Guinness Buch der Rekorde.** Hamburg: Guinness Verlag 2000. ISBN 3-89681-004-9
- **Gundt, Christa:** Bestseller im Unterricht. Joanne K. Rowling: Harry Potter und der Stein der Weisen. In: Praxis Deutsch Nr. 162/ Juli 2000, S. 37 f.
- **Hattenstone, Simon:** Harry, Jessie and me. In: The Guardian v. 8.7.2000, www.guardianunlimited.co.uk/weekend/story/0,3605,340821,00.html (3.9.2000)

- **Helm, Siegfried:** Zur Geisterstunde erschien Harry Potter. In: Berliner Morgenpost v. 9.7.2000, www.berliner-morgenpost.de/archiv2000/000709/feuilleton/story77747.html (13.7.2000)
- **Henkel, Imke:** So geheim wie eine magische Formel. Der englische Buchverlag Bloomsbury lebt von innovativen Ideen. In: Süddeutsche Zeitung v. 17.7.2000, S. 23
- **Holman, Bob:** The Worst Poem of All Time: William Topaz McGonagall's „The Tay Bridge Disaster". Poetry: Contemporary v. 5.4.1999, http://poetry.about.com/arts/poetry/library/weekly/aa0050499.htm (9.12.2000)
- **Introvigne, Massimo:** Harry Potter, a Christian Hero? In der italienischen Version erschienen in: Avvenire v. 3.11.1999, www.cesnur.org/recens/potter_mt_eng.htm (25.2.2000)
- **Kleinspehn, Thomas:** Lewis Carroll. Reinbek: Rowohlt Taschenbuch Verlag 1997. ISBN 3-499-50478-2
- **Knobloch, Jörg/Peltsch, Steffen (Hrsg.):** Lexikon Deutsch – Kinder- und Jugendliteratur. Autorenporträts und literarische Begriffe. Freising: Stark 1998, ISBN 3-89449-374-7

- **Knobloch, Jörg:** „Harry Potter" und die Didaktik der Kinder- und Jugendliteratur. In: Beiträge Jugendliteratur und Medien Nr. 4/2000, S. 232–234
- **Kümmerling-Meibauer, Bettina:** Klassiker der Kinder- und Jugendliteratur. Ein internationales Lexikon. Stuttgart: Metzler 1999. 2 Bde. ISBN 3-476-01235-2
- **Levine, Tom:** Ein Hauch von Hogwarts. In: Berliner Zeitung v. 14.10.2000
- **Lurie, Alison:** Ausbruch aus Klein-Jammertal. In: Süddeutsche Zeitung v. 29./30.1.2000
- **Lutz, Birgit:** Muggels aufgepasst! Spielberg verfilmt Harry Potter. In SPIEGEL ONLINE v. 19.1.2000, www.spiegel.de/kultur/gesellschaft/nf/0,1518,60321,00.html (8.3.2000)
- **Luyken, Reiner:** Ein wunderbares Durcheinander. In: Die Zeit v. 17.8.2000, S. 65
- **Marin, Virginia:** Pottermania and Potterism, www.suite101.com/article.cfm/1071/50592 (2.12.2000)
- **Marina Thudichum/Knobloch, Jörg (Hrsg.):** Der Drache vom Rosenstrauch. Märchen aus der fremden Heimat. Freiburg: Herder 1986. ISBN 3-451-20646-3
- **Markgraf, Hendrik:** Die Macht der Bücher. Hendrik Markgraf über den Erfolg von Harry Potter. In: Börsenblatt für den Deutschen Buchhandel Nr. 82 v.13.10.2000, S. 4
- **Mattenklott, Gundel:** Abfahrt auf Gleis neundreiviertel. In: Frankfurter Allgemeine v. 1.12.1998
- **Maughan, Shannon:** New Heights For Harry. In: Publishers Weekly v. 17.4.2000, www.publishersweekly.com/articles/20000417_85699.asp (2.5.2000)
- **Meißner, Wolfgang:** Phantastik in der Kinder- und Jugendliteratur der Gegenwart. Würzburg: Königshausen & Neumann 1989. ISBN 3-88479-459-0
- **Menzelmann, Werner/Schmidt, Uwe:** Harry Potter ist ein Jahrhundertereignis, aber das Marketing haben die Kids gemacht. In: buchreport.express Nr. 41 v. 11.10.2000, S. 34
- **Michalski, Peter:** Harry Potter – Es gibt mich wirklich. In: Bild v. 5.6.2000, S. 18
- **Michels, Klaus/Lempe, Berit:** Internetguide Harry Potter. Königswinter: Heel 2000. ISBN 3-889365-902-1
- **Miller, Laura:** Pottermania at midnight. In: Salon v. 8.7.2000, www.salon.com/books/feature/2000/07/08/potter/index.html (2.12.2000)
- **Pook, Sally:** J.K. Rowling given honorary degree at her alma mater. In: electronic Telegraph v. 15.7.2000, www.telegraph.co.uk (20.9.2000)
- **Reid, Tim/Bone, James/O'Connell, Alex:** Magic at midnight for enchanted readers. In: The Times v. 8.7.2000, www.the-times.co.uk/news/pages/tim/00/07/08/timnwsnws02025.html (8.7.2000)
- **Rémi, Cornelia:** Viola Owlfeathers Harry-Potter-Kiste, www.geocities.com/morgenglanz/hp (2.9.2000)
- **Reynolds, Nigel:** £100,000 success story for penniless mother. Electronic Telegraph v. 7.7.1997, www.telegraph.co.uk (17.11.2000)
- **Reynolds, Nigel:** Bloomsbury, the publisher with a magic touch. Electronic Telegraph v. 24.6.2000, www.telegraph.co.uk (20.9.2000)
- **Richard, Christine:** Das HP-Syndrom: Viel Geld fürs Buch, viel Buch fürs Geld. In: Basler Zeitung v. 14.10.2000, www.baz.ch/kultur-feuilleton/welcome_main.html#top (15.10.2000)

- **Rowling, Joanne K./ Amazon:** My Life So Far. Interview with Amazon.co.uk www.harrypotternet.co.uk/authormain.htm (16.4.2000)
- **Rowling, Joanne K./ Trenemann, Ann:** Harry and me [Interview]. The Times Online Special: Harry Potter v. 30.6.2000, www.the-times.co.uk/onlinespcials/features/harrypotter/ (30.06.2000)
- **Rowling, Joanne K./ AOL** [Interview]: www.hagridshut.com/realworld/ jkrowling/jk_aolchat.htm (9.9.2000)
- **Rowling, Joanne K./ Dallach, Christoph:** „Ich komme mir vor wie ein Spice Girl". Die britische Schriftstellerin Joanne K. Rowling über den Erfolg ihres Märchenhelden Harry Potter und ihr neues Leben als Popstar [Interview]. In: kulturSPIEGEL Nr. 4/ 2000, S. 6–10
- **Rowling, Joanne K./ Solomon, Evan:** Exclusive Three-Part Interview (v. 21.7.2000), http://infoculture.cbc.ca/archives/bookswr/bookswr_07182000_potterinterview.phtml (31.8.2000)
- **Rowling, Joanne K./ Jones, Malcolm:** The Return of Harry Potter! [Interview]. In: Newsweek v. 1.7.2000, www.msnbc.com/news (23.7.2000)
- **Rowling, Joanne K./ Weir, Margaret:** Of magic and single motherhood [Interview]. In: Salon v. 31.3.1999, www.salon.com/mwt/feature/1999/03/cov_31featureb.html (10.9.2000)
- **Rowling, Joanne K./ Feldman, Roxanne:** The Truth About Harry [Interview]. In: School Library Journal Nr. 9/ 1999, S. 137–139
- **Rowling, Joanne K.:** An Interview with J.K. Rowling, www.scholastic.com/harrypotter/author/interview.htm (30.6.2000)
- **Rowling, Joanne K.:** My Life As a Lone Parent. In: The Sun/online Sun v. 4.10.2000, www.the-sun.co.uk/life/13056108 (4.10.2000)
- **Rowling, Joanne K.:** The Not Especially Fascinating Life So Far of J.K. Rowling. Part 1, www.okukbooks.com/harry/rowling.htm (7.1.2000)
- **Rowling, Joanne K.:** The Not Especially Fascinating Life So Far of J.K. Rowling. Part 2. www.okukbooks.com/harry/rowling2.htm (7.01.2000)
- **Rumbelow, Helen:** J.K. Rowling attacks Labour on lone parents. In: The Times v. 5.10.2000, www.the-times.co.uk/news/pages/tim/2000/10/05/timnwsnws02001.html (8.10.2000)
- **Savill, Richard:** Harry Potter and the mystery of J.K.'s lost initial. In: electronic Telegraph v. 19.7.2000, www.telegraph.co.uk (20.9.2000)
- **Schafer, Elizabeth D.:** Exploring Harry Potter. Osprey: Beacham 2000. ISBN 0-0933833-57-1
- **Schneider, Karla:** Gleis 9¾. Fulminanter Schmöker über Hexerei. In: Die Zeit v. 8.10.1998
- **Schneider, Karla:** Lesen! Lesen! Endlich: Neues vom Zauberlehrling Harry Potter. In: Die Zeit v. 17.6.1999
- **Schneidewind, Friedhelm:** Das ABC rund um Harry Potter. Ein Lexikon von Friedhelm Schneidewind. Schwarzkopf & Schwarzkopf 2000. ISBN 3-89602-280-6
- **Seafield, Lily:** Scottish Ghosts. New Lanark: Geddes & Grosset 1999. ISBN 0-947782-14-1
- **Seebaum, Christian:** Leinwand frei für Harry Potter. In: Kölner Stadt-Anzeiger v. 19.8.2000, www.ksta.de/kultur/film/731743.html (19.8.2000)

- **Seifert, Heribert:** Harry Potter – Marketing oder Magie? In: Neue Zürcher Zeitung v. 14.10.2000, www.nzz.ch/2000/10/14/page-article6T1UN.html (14.10.2000)
- **Shapiro, Marc:** J.K. Rowling. The Wizard behind Harry Potter. An unauthorized Biography. New York: St. Martin's Griffin 2000. ISBN 0-312-27224-3
- **Smith, Craig S.:** Harry Potter Faces Challange in China. In: The New York Times v. 9.10.2000, http://partners.nytimes.../09POTT.html?Partner=AltaVista&Refld=LmY_WEFnnnunntly_ (10.10.2000)
- **Snoddy, Raymond:** Electronic Arts wins Potter deal. In:The Times v. 11.08.2000, www.the-times.co.uk/news/pages/tim/2000/08/11/timbizbiz01012.html (23.8.2000)
- **Steinberger, P./Kreyde, A.:** Die Fantastische Vier. Zwischen weltweitem Marketing und Kinderfest. In: Süddeutsche Zeitung v. 10.7.2000, S. 15
- **Steinberger, Petra:** Verrückt nach Harry. In: Süddeutsche Zeitung v. 8.11.2000, S. 17
- **Strieder, Swantje:** Verrückt nach Harry. In: Stern v. 5.1.2000, S. 32–37

- **Stumm, Reinhardt:** Endlich! Ein Seufzer der Erlösung. In: Tagesanzeiger v. 14.10.2000, http://tages-anzeiger.ch/ta/taOnlineRubrikArtikel?ArtId=40796 (14.10.2000)
- **Tabbert, Reinbert:** Phantastische Kinder- und Jugendliteratur. In: Günter Lange (Hrsg.): Taschenbuch der Kinder- und Jugendliteratur, Bd. 1. Baltmannsweiler: Schneider Hohengehren 2000, S. 187–200. ISBN 3-89676-337-0
- **Tabraham, Chris:** Die Burg von Edinburgh. Edinburgh: Historic Scotland 1999
- **Tomberg, Markus:** Wie die kleine Hexe die Zauberei verzaubert. Zum Verhältnis von Glaube, Aberglaube und neuzeitlichem Weltverstehen. Erscheint in: Kirche und Schule, im Juni 2001
- **Volkery, Carsten:** Harry Potter ist ein männliches Aschenputtel. In SPIEGEL ONLINE v. 24.7.2000, www.spiegel.de/kultur/literatur/nf/0,1518,86536,00.html (3.8.2000)
- **Volkery, Carsten:** Stephen Kings Urteil: Harry Potter ist ein männliches Aschenputtel. In SPIEGEL ONLINE v. 24.7.2000, www.spiegel.de/kultur/literatur/nf/0,1518.86536,00.html (3.8.2000)

- **Weeks, Linton:** The enchanting success story of Harry Potter's creator. In: The Washington Post v. 24.10.1999, www.polkonline.com/stories/102499/lif_potter.shtml (2.9.2000)
- **Wilharm, Sabine:** Die Bilder zum Buch Harry Potter. Hrsg. v. Ludwig Galerie Schloss Oberhausen u. Wilhelm-Busch-Gesellschaft e.V. Oberhausen/Hannover 2001
- **Wittmann, Burkhard:** Tumult vorm Hugendubel: 4000 Menschen wollen Harry Potter. In: BILD München v. 14.10.2000, S. 10
- **Woods, Audrey:** J.K. Rowling basks in universal appeal. In: Houston Chronicle v. 6.7.2000, www.chron.com/cs/CDA/story.hts/ae/books/news/596463 (2.9.2000)
- **Zander, Jörg:** Wer hat Angst vor Harry P.? In: Christliches Medienmagazin Nr. 3/2000, S. 4–6

ENDE

Verlag an der Ruhr

www.verlagruhr.de

Peer Olsen

Arbeitsbuch zu "Sofies Welt"

Dieses Arbeitsbuch folgt Sofie auf ihrer spannenden Reise durch die Geschichte der Philosophie. Die Info- und Arbeitsblätter geben praktische Hilfestellungen den Roman gemeinsam zu lesen.

Ab 14 J., 136 S., A4, Pb.
ISBN 3-86072-225-5
Best.-Nr. 2225
33,20 DM/sFr/242,- öS

Brigitte Beuning, Jörg Knobloch
Literatur-Kartei zum Jugendbuch von J.K. Rowling:
"Harry Potter und der Stein der Weisen"

"Harry Potter" im Unterricht, mit ca. 80 Kopiervorlagen u.a. zu den Themen: Magie, Halloween, Wappenkunde, Hexen, Gut und Böse, Freundschaft und Feindschaft, Traum und Wirklichkeit, Erfolge und Misserfolge ...

Ab Kl. 5, 91 S., A4, Papph.
ISBN 3-86072-594-7
Best.-Nr. 2594
39,- DM/sFr/285,- öS

Literatur

Gesellschaft

Geschichte

Wolfgang Hund
Okkultismus

Der Grundlagenband zur kritischen Auseinandersetzung mit okkulten Phänomenen. Ob Astrologie, Telephathie, Satanismus ... – detailliert werden die wichtigsten Phänomene vorgestellt, "seziert", erklärt und mittels einfacher Spiele und verblüffender Tricks nachvollziehbar gemacht.

Ab 13 J., 220 S., A4, Pb.
ISBN 3-86072-226-3
Best.-Nr. 2226
49,80 DM/sFr/364,- öS

Markus Tiedemann
"In Auschwitz wurde niemand vergast"
60 rechtsradikale Lügen und wie man sie widerlegt

In diesem Buch sind die gebräuchlichsten Lügen der rechten Geschichtsrevisionisten gesammelt, analysiert und stichhaltig widerlegt. Weiterfragen und Weiterforschen ist ausdrücklich erwünscht.

Ab 13 J., 184 S., 16 x 23 cm, Pb.
ISBN 3-86072-275-1
Best.-Nr. 2275
25,- DM/sFr/183,- öS

Verlag an der Ruhr

Bücher für die pädagogische Praxis

Postfach 10 22 51 • D–45422 Mülheim an der Ruhr
Tel.: 0208/49 50 40 • Fax: 0208/49 50 495
e-mail: info@verlagruhr.de